HEIKE J. SCHÜTZ

TAUFERINNERUNGFESTE

HEIKE J. SCHÜTZ

TAUFERINNERUNGFESTE

10 KOMPLETTE ENTWÜRFE FÜR DIE PRAXIS

Kreaktiv Kompakt
Mit Illustrationen von Elisabeth Focken

neukirchener
aussaat

2. Auflage 2010

Neukirchener Verlagsgesellschaft mbH, Neukirchen-Vluyn
www.nvg-medien.de
Umschlaggestaltung: Heiko Rafflenbeul, Siegen,
unter Verwendung folgender Fotos:
© www.iStockphoto.com (Wasser und Kinder auf der Wiese)
© www.sxc.hu | hortongrou (Mädchen)
© Heike J. Schütz (Tauffoto)
Satz: Breklumer Print-Service, Breklum
Druck: Fuck-Druck, Koblenz
Printed in Germany
ISBN 978-3-7615-5671-9

INHALTSVERZEICHNIS

EINLEITUNG

Allgemeine Einführung

Die Taufe ist ein ganz natürlicher Bestandteil unseres christlichen Glaubens und unserer Gemeinden. Etwas neuer und noch lange nicht in allen Kirchengemeinden etabliert ist der Tauferinnerungstag oder auch das Tauferinnerungsfest. Bei diesen ganz besonderen Aktionen soll an die eigene Taufe erinnert werden. In den meisten Familien wird die Taufe des Kindes zwar groß gefeiert, in den folgenden Jahren gerät der Tauftag aber immer mehr in Vergessenheit. Einige Familien haben es sich zur Tradition werden lassen, dass sie am Jahrestag der Taufe die Taufkerze noch einmal anzünden und mit ihren Kindern über das Ereignis ihrer Taufe sprechen. Dies sind aber leider Ausnahmen in der großen Masse der Tauffamilien. Daher laden immer mehr Gemeinden in regelmäßigen Abständen zur Tauferinnerung ein. Diese Veranstaltungen können sehr unterschiedlich aussehen. In manchen Gemeinden wird im Verlauf des normalen Sonntagsgottesdienstes ein besonderes Augenmerk auf die Taufe gelegt. Oft wird dies auch noch mit einer Taufe verbunden.
Eine andere Methode, die mir besser erscheint, weil sie mehr Zeit für das Thema lässt und das ganze Ereignis auch noch mehr in den Mittelpunkt rückt, ist ein Tauferinnerungsfest über mehrere Stunden und an einem Samstag. Es gibt Gemeinden, die veranstalten ein Tauferinnerungsfest über den ganzen Tag, andere nehmen zwei bis drei Stunden am Nachmittag.
Die folgenden zehn Tauffestentwürfe in diesem Buch sind für ein Tauferinnerungsfest an einem Nachmittag konzipiert. Natürlich können Sie die Ideen in den einzelnen Entwürfen auch auf Ihre Anforderungen zusammenwürfeln.

Wie dieses Buch zu nutzen ist

Sie können die zehn Entwürfe sowohl als kompletten Entwurf nutzen, oder auch als Ideensammlung und daraus einen ganz eigenen Ablauf zusammenstellen.
Sollten Sie einen kompletten Ablauf übernehmen, sollten Sie sich aber

trotzdem parallel zur Vorbereitung des Festes mit dem Thema auseinandersetzten. Auch wenn alle großen Punkte des Ablaufes fertig ausformuliert sind, fehlen die Überleitungen zu den einzelnen Punkten. Diese Überleitungen auszuformulieren, überlasse ich ganz bewusst Ihnen. Jeder Mensch hat seinen eigenen Stil zu sprechen und Dinge zu vermitteln. Dieser Stil ist es, der den Menschen ausmacht. Nur wenn Sie die Überleitungen nach ihrem Stil ausformulieren, kann der Ablauf des Nachmittages auch zu Ihnen passen, ohne dass er abgelesen wirkt.

Raum- und Personenanforderungen

Für die verschiedenen Aktionen wäre es gut, stets viel Platz zu haben. Ideal wäre es, wenn Sie die Kirche für die Abschlussandacht nutzen würden, die restlichen Aktionen aber in verschiedenen Räumen des Gemeindehauses verorten würden.
Da es immer wieder auch zu parallelen Aktionen von Erwachsenen und Kindern kommt, bzw. die Textlesungen der einzelnen Themen oft in verteilten Rollen gesprochen werden, wäre es gut, wenn der Nachmittag von zwei bis drei Mitarbeiter/innen geleitet wird.

Planung und Vorbereitung

Zu einem Tauferinnerungsfest werden meistens Kinder zwischen dem fünften und siebten Lebensjahr eingeladen. Wenn Sie möchten, können Sie dieses Alter aber auch anders setzen. Wichtig ist, dass die Taufkinder schriftlich eingeladen werden. Der Brief geht an das Taufkind persönlich, die Einladung gilt aber auch für die Eltern, Geschwister und Paten. Natürlich können auch Oma und Opa teilnehmen. Damit Sie für den Nachmittag besser planen können, sollten Sie jedem Brief eine Rückantwortkarte beifügen, auf der die Kinder angeben können, mit wie vielen Personen sie an dem Tauferinnerungsfest teilnehmen werden.

JOHANNES DER TÄUFER

Zusammenfassung des Themas
Johannes ist der Sohn von Zacharias und Elisabeth, aber auch ein Vetter von Jesus. Die Erzählung seiner Geburt wird der von Jesus in der Bibel voran gestellt. Johannes ist nicht nur eine Person, die parallel zu Jesus in derselben Zeit lebt, Johannes ist mehr. Er verbreitet die Ankunft des Christus durch Jesus ganz aktiv. Er beginnt den Menschen die Umkehr zu Gott zu predigen. Er sagt den Menschen, wie sie ihr Leben ändern sollen: „Kehrt um und lasst euch taufen! Betrügt eure Nächsten nicht, helft ihnen und tut niemandem Gewalt an!"
Zu dieser Zeit ziehen viele Wanderprediger durch die Lande und verkündigen teils die abstrusesten Lehren. Doch Johannes hebt sich deutlich davon ab. Er führt die Taufe im Wasser ein. Aber er tauft die Menschen im Jordan

immer mit dem Fingerzeig auf Jesus. „Ich bin nicht der König, ich bin nur sein Bote!" sagt er, „denn ich taufe euch nur mit Wasser, aber der, der dann kommt, tauft euch mit dem Heiligen Geist!"
Auch Jesus kommt zum Jordan. Aber er schickt Johannes nicht einfach weg und übernimmt von nun an das Taufen selber. Jesus geht vor Johannes ins Wasser und lässt sich von ihm taufen. Johannes scheut sich, denn er ist sich der Position Jesu bewusst. Lieber würde er von Jesus getauft werden. Doch dieser beharrt darauf: „Taufe du mich, Gott will es so!"
Johannes macht sich durch sein Auftreten viele Feinde und wird später von Herodes hingerichtet.

Material
blaue Pappe/Papier, blaue Farbe, Pinsel, Tapetenbahnen, bunte Pappreste, doppelseitiges Klebeband, blaue Tücher, buntes Papier, Scheren, Klebestifte, Verkleidungsmaterialien, um eine/n Mitarbeiter/in in Johannes den Täufer zu verwandeln (z. B.: grobes Leinentuch als Umhang, Kordel als Gürtel, Ledersandalen...), Getränke und Lebensmittel für die Pause (Johannes hat Heuschrecken gegessen ... sehen Sie doch mal in einem Supermarkt nach, manchmal findet man im Süßwarenregal Gummitiere, die so ähnlich aussehen. Auf jeden Fall aber Würmer und Mäuse. Außerdem passt alles, was in einem Fluss zu finden ist: Kräckerfische, salzige Heringe aus Lakritz, Schokoladenmeeresfrüchte...), Blumen als Tischdeko für die Pause, Salzteig (Mehl und Salz), dünne Lederbänder

Vorbereitung
Schneiden Sie aus der blauen Pappe „Flussnamensschilder" (siehe Bastelvorlage) aus und schreiben Sie auf jedes Schild den Namen eines Teilnehmers. Auf der Rückseite wird ein Stück des doppelseitigen Klebebandes befestigt, mit dem das Schildchen später an der Kleidung befestigt werden kann. Schneiden Sie nun aus den bunten Pappresten kleine Fische aus und kleben Sie diese zu den Namen auf die Flussnamensschilder, sodass die zusammengehörenden Familien, bzw. Paten, durch die gleichen Farben der Fische wiedererkannt werden können. Die Namensschilder werden beim Eintreten in den Gruppenraum verteilt.
Kopieren Sie die Fische (siehe Bastelvorlage) in Handtellergröße auf das bunte Papier.

Im Gruppenraum wird ein Stuhlkreis aufgebaut, in dem alle Kinder und Erwachsenen Platz nehmen. Durch den Raum und auch durch den Stuhlkreis werden die blauen Tücher wie ein Fluss auf den Boden gelegt.
Bereiten Sie aus vier Tassen Mehl, einer Tasse Salz und eineinhalb Tassen Wasser einen festen Salzteig. Verdoppeln Sie das Rezept so oft, dass für jeden Täufling ungefähr eine tennisballgroße Kugel bereitsteht. Bewahren Sie den fertigen Salzteig in einer luftdichten Dose auf, damit er nicht anfängt auszutrocknen.

Begrüßung
...

Lied
„Lass uns miteinander“[1]

Gebet
Guter Gott,
wir danken dir, dass wir heute hier beieinander sein können. Du hältst uns alle in deiner Hand geborgen. Wir sind geboren worden in diese Welt und durch unsere Taufe für immer mit dir verbunden. Als wir getauft wurden, waren wir noch so klein, aber unsere Eltern und unsere Paten haben versprochen, uns immer daran zu erinnern, dass wir zu dir gehören. Heute wollen wir zusammen mit unseren Familien, Paten, Geschwistern und Freunden an unsere Taufe erinnern. Wir wollen einen schönen Nachmittag miteinander verbringen und von deinem Wort hören. Sei du, Guter Gott, bei uns in unserer Mitte und schenke uns ein frohes Herz.
Amen

Vorstellungsrunde
Ich bin ein Fluss!
Jedes Kind und jeder Erwachsene stellen sich als Fluss vor und zählen ein paar Dinge auf, die an diesem Fluss besonders sind. Die Dinge müssen alle mit dem gleichen Buchstaben anfangen, wie der Name. Beispiel: Ich bin der Fluss **H**eike. Mein Wasser ist **h**ellblau. An meinem Ufer stehen **H**äuser und **H**olunderbäume.

[1] Lied Nr. 23 aus Menschenskinderlieder, Menschenkinder Verlag, Münster

Spiel
Alle grünen Fische schwimmen los!
Alle Mitglieder einer Familie sind ja durch die Fische auf ihren Namensschildchen einer Farbe zugeordnet. Diese Farben sind für dieses Spiel ausschlaggebend.
Es gibt einen Stuhl weniger im Stuhlkreis, als es Mitspieler gibt. Der Mitspieler ohne Stuhl steht in der Mitte des Kreises. Er „wünscht" sich eine Farbe und alle Familienmitglieder, die diese Farbe als Fisch auf ihrem Schildchen haben, müssen nun miteinander die Plätze tauschen. Die Person in der Mitte versucht nun einen der freiwerdenden Plätze zu ergattern. Die Person, die in der Mitte verbleibt, wünscht sich die nächste Farbe. Bei dem Wunsch „Stromschnellen!" müssen alle Person, gleich welcher Farbe, die Plätze tauschen.

Aktion
Die Kinder kleben zwei bis drei Bahnen der Tapetenbahnen übereinander. Darauf malen sie mit der blauen Farbe einen breiten geschwungenen Fluss. Über dem Fluss steht in großen Buchstaben geschrieben: „Was mir an der Taufe wichtig ist!"
Die Erwachsenen schneiden in der Zwischenzeit aus dem bunten Papier Fische aus und formulieren einen oder mehrere Sätze zu dem Satz: „Was mir an der Taufe wichtig ist!" Diese Sätze schreiben sie auf die Fische. Wenn die Zeit es zulässt, können sie auch noch mehr Fische ausschneiden. Diese werden dann als Tischdeko in der Pause eingesetzt.
Alle Kinder und Erwachsenen kommen wieder im Stuhlkreis zusammen. Die Kinder legen ihren Fluss in die Mitte (Die blauen Tücher, die da bisher lagen werden zur Seite genommen. Die werden in der Pause gebraucht.) und die Eltern stellen ihre Ergebnisse vor. Jeder Fisch, der vorgestellt wurde, wird von den Kindern auf dem Fluss festgeklebt.

Lied
„Ich war da bei deinem ersten Schrei!"[2]

[2] Lied Nr. 89 aus „Das Kindergesangbuch", Claudius Verlag, München

Textlesung

Ein/e Mitarbeiter/Mitarbeiterin hat sich während der Aktionsphase zurückgezogen und mithilfe der Verkleidungsutensilien in Johannes den Täufer verwandelt. Am Ende des Liedes betritt Johannes den Raum. Ohne die Anwesenden zu beachten, betrachtet er den Fluss. Dann sieht er hoch und sieht auf die Kinder.

„Ist das euer Fluss?" Die Kinder antworten sicher mit „Ja".

„Ich habe auch sehr viel Zeit an einem Fluss verbracht, am Fluss Jordan!", sinniert Johannes.

„Ach so," Johannes sieht auf, „vielleicht sollte ich mich erst einmal vorstellen. Mein Name ist Johannes! Ich weiß nicht, ob ihr schon einmal von mir gehört habt. Ich bin in der Nähe von Jerusalem geboren worden. Meine Eltern heißen Elisabeth und Zacharias. Mein Vater war ein Priester. Und meine Eltern hatten Gott beide sehr lieb. Sie waren schon ziemlich alt, als sie mich bekommen haben, aber sie haben mich sehr geliebt, denn sie wussten, dass Gott mich ihnen geschenkt hatte. Ach ja, ihr kennt übrigens meinen Vetter! Das ist Jesus, der Sohn von Maria und Josef. Der ist einige Monate nach mir zur Welt gekommen.

Als ich erwachsen wurde, hat mir ein Engel gesagt, dass der Retter der Welt bald zu uns kommen wird und ich sein Bote sein sollte. Aber wie sollte ich das machen? Ich wusste nicht, was ich nun zu tun hatte. Darum bin ich in die Wüste gegangen und habe gewartet, dass Gott mir sagt, wie es weitergeht. Ich habe in einer einsamen kleinen Höhle gelebt, aber ich habe keine Not gelitten. Ich habe Heuschrecken gegessen und Honig von wilden Bienen. Ihr braucht gar nicht so angeekelt zu schauen. Heuschrecken sind echt lecker und richtig knusprig! Dann sprach Gott zu mir: ‚Jetzt sollst du zu den Menschen gehen und ihnen sagen, dass der Retter der Welt bald kommen wird, um die Menschen zu erlösen.' Da bin ich als Prophet durch die Lande gezogen und habe den Menschen von Jesus, dem Retter der Welt erzählt. Ich habe ihnen gesagt: ‚Kehrt um und ändert euer Leben! Seid gut zu euren Mitmenschen. Teilt euer Essen und eure Kleider mit den Armen. Tut niemandem Gewalt an und seid hilfreich und lasst euch taufen!'

Dann bin ich mit ihnen an das Ufer des Jordans gegangen und habe ihnen erklärt, dass dieses Wasser zwei ganz verschiedene Seiten hat. Es kann töten und ist gefährlich. Wenn man hineinfällt und nicht schwimmen kann, kann man ertrinken. Aber gleichzeitig brauchen wir das Wasser zum Le-

ben. Wir brauchen es zum Trinken und um unsere Gärten zu bewässern. Genauso ist es mit Gott. Wenn wir uns von ihm abwenden und ihn verleugnen, wird er sich auch von uns abwenden, aber wenn wir uns an seine Gebote halten und ihm unser Leben widmen, dann wird er immer an unserer Seite sein und uns beschützen.
Dann habe ich die Menschen an die Hand genommen, bin mit ihnen in den Fluss gegangen und habe sie im Wasser untergetaucht. Das sollte ihnen deutlich machen, dass nun ihr altes Leben und ihre Sünden von ihnen abgewaschen sind und sie als neuer Mensch und mit reiner Seele vor Gott stehen.
Das habe ich mit vielen Menschen gemacht. Doch nach einiger Zeit habe ich gemerkt, dass die Menschen mich so seltsam ansehen. Sie haben gedacht: ‚Vielleicht ist dies der Retter, auf den wir warten!' Auch wenn ich für einen Moment geschmeichelt war, habe ich diesen Irrtum sofort aufgeklärt. Ich habe zu ihnen gesprochen und gesagt: ‚Ich bin nicht der, auf den ihr wartet! Ich bin nur sein Bote! Ich taufe euch nur mit Wasser, aber er wird euch mit dem Heiligen Geist taufen!'
Und dann war es eines Tages soweit! Jesus kam zu mir an den Jordan. Ich habe mich so gefreut, ihn wiederzusehen. Er nahm mich in den Arm und sagte zu mir: ‚Taufe auch mich!' Das konnte ich nun gar nicht verstehen! Ich sollte Jesus taufen? Könnt ihr euch das vorstellen? Er hätte mich taufen sollen, aber doch nicht umgekehrt. Doch Jesus sagte zu mir: ‚Tue es so, wie ich es dir sage, denn Gott will es so!' Da habe ich auch Jesus an die Hand genommen und in den Fluss geführt. Dann habe ich ihn getauft und in dem Moment ist eine Taube vom Himmel geflogen und der Geist Gottes erfüllte Jesus. Und eine Stimme rief vom Himmel: ‚Du bist mein Sohn, den ich liebe!'
Seitdem sind noch viele Menschen von Jesus getauft worden. Auch heute noch werden die Menschen, die zu Gott gehören wollen, in einer Kirche getauft. In den evangelischen und katholischen Kirchen werden die Menschen aber nicht mehr ganz in einem Fluss untergetaucht, sondern es wird mit einem bisschen Wasser aus dem Taufbecken ein Kreuz auf die Stirn des Kindes gemacht. Außerdem werden die Menschen in der Regel getauft, wenn sie noch ganz klein sind. Weil aber die Babys ja noch nicht selber sagen können, dass sie an Gott glauben, übernehmen das die Eltern und Paten stellvertretend und versprechen das Kind so zu erziehen, dass es Gott gefällt.

So, ich glaube ich habe euch jetzt schon eine ganze Menge erzählt! Ich muss jetzt auch weiter. Ich wünsche euch noch einen schönen Tag und viel Spaß."
Johannes verabschiedet sich und verlässt den Raum.

Lied
„Er hält die ganze Welt!"[3]

Kreativteil
Die Eltern und Paten bekommen je Taufkind einen kleinen Klumpen Salzteig. Daraus formen sie eine etwa handtellergroße Welle, in die sie mit einem Schaschlikspieß den Namen des Kindes ritzen. Außerdem werden mit dem Spieß zwei kleine Löcher in den oberen Rand der Welle gestochen. Hier kann die Welle später aufgehängt werden. Die Wellen werden auf einem Backblech eingesammelt und im Ofen getrocknet.
Wenn möglich, sollten die Kinder von dieser Aktion nichts mitbekommen. Die Kinder bereiten in der Zwischenzeit mit einem anderen Hauptamtlichen den Tisch für die Pause vor.

Pause
Die Tische werden mit den blauen Decken und den ausgeschnittenen Fischen eingedeckt. Die vorbereiteten Speisen und Getränke werden aufgetragen. Alle Kinder und Erwachsenen setzen sich um die gedeckte Tafel und beginnen die Pause mit einem gemeinsamen Tischgebet:
Segne, Vater, diese Speise,
uns zur Kraft und die zum Preise!
Wir bitten, Herr, sei unsrem Haus,
ein steter Gast, tagein, tagaus,
und hilf, dass wir der Gaben wert,
die du uns heute hast beschert.
Amen

[3] Lied Nr. 143 aus „Das Kindergesangbuch", Claudius Verlag, München

Gegen Ende der Pause sollte sich ein/e Mitarbeiter/in zurückziehen und die Lederbänder durch die Salzteigwellen ziehen, sodass man diese um den Hals tragen kann.

Andacht
Die ganze Gruppe findet sich um das Taufbecken ein. Je nach Gruppengröße stellen sich alle im Kreis um das Becken oder nehmen im vorbereiteten Stuhlkreis Platz.

Lied
„Hallelu, Hallelu“ [4]

Gebet
Guter Gott, du hast uns mit unserer Taufe zu dir aufgenommen. Wir sind Teil deiner Gemeinschaft und immer von deiner Hand geschützt und getröstet. Auch wenn wir dich manchmal im Alltag vergessen, du vergisst uns nie! Dafür danken wir dir!
Amen

Lied
„Von guten Mächten wunderbar geborgen!“[5]

Tauferinnerung
In das Taufbecken wird das Wasser eingefüllt.

Glaubensbekenntnis (Apostolikum):

Wir taufen Kinder auf den Namen Gottes.
Wir vertrauen sie so der Liebe und der Herrschaft Gottes an
und nehmen sie in die christliche Kirche auf.
Dabei werden wir auch an unsere eigene Taufe erinnert. Unseren Glauben sprechen wir stellvertretend für die Kinder aus, mit dem Bekenntnis des Glaubens, das in der Kirche seit alter Zeit überliefert wird:

[4] Lied Nr. 49 aus Menschenskinderlieder, Menschenkinder Verlag, Münster
[5] Lied Nr. 35 aus Menschenskinderlieder, Menschenkinder Verlag, Münster

Gemeinsam mit allen Erwachsenen beten wir:
Ich glaube an Gott, den Vater,
den Allmächtigen,
den Schöpfer des Himmels und der Erde.
Und an Jesus Christus,
seinen eingeborenen Sohn,
unsern Herrn,
empfangen durch den Heiligen Geist,
geboren von der Jungfrau Maria,
gelitten unter Pontius Pilatus,
gekreuzigt, gestorben und begraben,
hinabgestiegen in das Reich des Todes,
am dritten Tage auferstanden von den Toten,
aufgefahren in den Himmel;
er sitzt zur Rechten Gottes, des allmächtigen Vaters;
von dort wird er kommen, zu richten die Lebenden und die Toten.

Ich glaube an den Heiligen Geist,
die heilige christliche Kirche, Gemeinschaft der Heiligen, Vergebung der Sünden, Auferstehung der Toten
und das ewige Leben.

Die Kinder treten nun einzeln an das Taufbecken. In die geöffnete Handfläche wird ein Kreuz mit dem Taufwasser gezeichnet. Dazu werden die Worte gesprochen:
„Du bist getauft im Namen des Vaters, der immer bei uns ist und uns beschützt, im Namen Jesus Christus, der unser Freund ist und im Namen des Heiligen Geistes, der alle unsere Schritte leitet. Daran wollen wir dich erinnern!" Anschließend bekommt das Kind die beschriftete Welle, welche die Eltern gebastelt haben, geschenkt.

Gemeinsam beten wir:
Vater unser im Himmel,
geheiligt werde dein Name.
Dein Reich komme.
Dein Wille geschehe,
wie im Himmel, so auf Erden.

Unser tägliches Brot gib uns heute.
Und vergib uns unsere Schuld,
wie auch wir vergeben unsern Schuldigern.
Und führe uns nicht in Versuchung,
sondern erlöse uns von dem Bösen.
Denn dein ist das Reich
und die Kraft und die Herrlichkeit
in Ewigkeit.
Amen

Segenslied
„Segne uns mit der Weite des Himmels“[6]

Bastelvorlagen

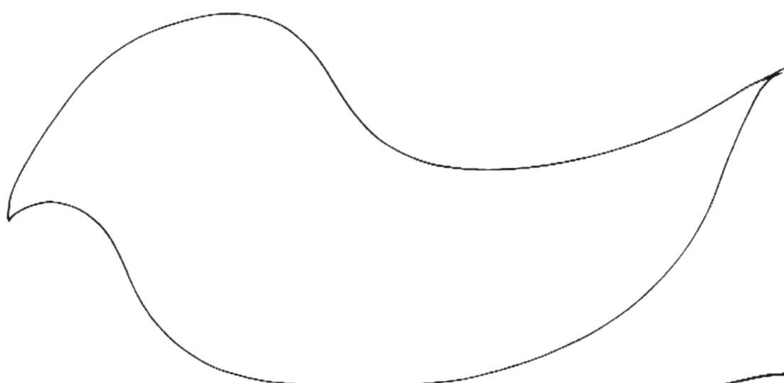

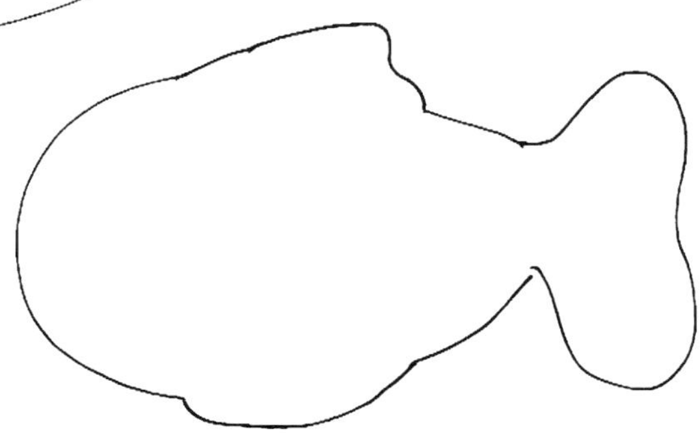

[6] Lied Nr. 142 aus „Das Kindergesangbuch“, Claudius Verlag, München

TAUFE DES JESUS

Zusammenfassung des Themas

Das Leben von Jesus, so wie es uns in der Bibel übermittelt wird, hält viele interessante Begegnungen und Erfahrungen bereit. In dieser Vielzahl kann es leicht passieren, dass die Taufe von Jesus darin untergeht. Ist sie doch ein kleiner Akt – der in dem Bericht über Johannes den Täufer. Dabei zeigt sie doch ganz deutlich, dass Jesus nicht der Superheld ist, der vom Himmel gefallen ist, sondern, dass sein Leben ein Prozess ist, wie bei allen anderen Menschen auch. Nicht nur, dass er als hilfloses Baby in diese Welt kommt, das erst einmal zu einem erwachsenen Mann heranwachsen muss. Auch auf der christlichen Ebene, im Glauben, ist Jesus nicht als fertiger Priester vom Himmel gefallen, sondern er hat sich taufen lassen, wie wir es heute auch tun. Er konnte sich auch nicht selbst taufen, obwohl er doch der Messias war, sondern er war auf die Hilfe des Johannes angewiesen. Der Beginn seiner Tätigkeit als Prediger, beginnt mit einer Taufe. Eine Taufe, bei der ein anderer seine Hand auflegt und um Gottes Segen bittet.

Material

weiße/hellgraue Pappe, doppelseitiges Klebeband, bunte Tücher und Blumen zum Gestalten der Mitte, echte Brieftauben, Klebeetiketten, weißes, dickes Papier, Scheren, Klebestifte, Buntstifte, Getränke und Lebensmittel für die Pause, verschiedene Obstsorten, Schaschlikspieße

Vorbereitung

Schreiben Sie in die Einladung zu diesem Tauferinnerungstag, dass die Eltern ein Foto ihres Kindes mitbringen sollen. Halten Sie eine Sofortbildkamera bereit, falls jemand das Bild vergessen hat.
Schneiden Sie aus der weißen/hellgrauen Pappe Tauben (siehe Bastelanleitung) als Namensschilder aus. Schreiben Sie je einen Namen auf die Vorderseite der Taube und befestigen Sie auf der Rückseite ein kleines Stück doppelseitiges Klebeband mit dem das Schildchen dann an der Kleidung befestigt werden kann. Die Schildchen werden beim Betreten des Raumes verteilt, anschließend nehmen alle im Stuhlkreis platz.
Beschriften Sie die Klebeetiketten mit Namen biblischer Familien (z. B. Adam + Eva + Kain + Abel, Josef + Maria + Jesus, ...). Auf jedes Etikett kommt ein Name. Es sollten so viele Etiketten, wie Teilnehmer vorhanden sein.
Fragen Sie bei einem Brieftaubenzüchter oder einem Taubenverein an, ob dieser an dem Tauferinnerungstag während der Aktion teilnehmen kann und seine Brieftauben mit kleinen Gebetszetteln fliegen lassen kann.
Kopieren Sie die Bastelvorlage mit dem Lebenslauf von Jesus auf weiße Pappen. Jedes Kind soll ein Exemplar bekommen, eines benötigen auch Sie. Schneiden Sie ihr Exemplar des Lebenslaufes fertig aus und malen es an. Kleben Sie nun die einzelnen Teile zum Lebenslauf zusammen. Diesen brauchen Sie als Anschauungsmaterial während der Textlesung.
Im Gruppenraum wird ein Stuhlkreis aufgebaut, in dem alle Kinder und Erwachsenen Platz nehmen. Gestalten Sie die Mitte des Kreises mit bunten Tüchern und Blumen.

Begrüßung

...

Lied
„Komm sag es allen weiter“[7]

Gebet
Lieber Vater, du hast uns deinen Sohn geschenkt und wir alle sind deine Kinder. Durch die Taufe haben wir uns alle in deine Hand und deinen Schutz gegeben. Durch die Taufe hast du dich an unsere Seite gestellt. Du kennst uns alle bei unserem Namen. Du kennst uns besser, als wir uns selber manchmal zu kennen scheinen. Wir danken dir dafür, dass wir heute hier in deinem Namen beieinander sein können und bitten dich um deinen Heiligen Geist. Schenke uns einen schönen Nachmittag und viele schöne Begegnungen.
Amen

Vorstellungsrunde
Ein Gegenstand (egal was, z. B. Schlüsselbund, Packung Taschentücher…) wird an das erste Kind, den ersten Erwachsenen mit den Worten: „Ich heiße Heike und behaupte, dies ist ein Pröppolum!“ weitergegeben. Der/die Angesprochene gibt den Gegenstand weiter und sagt: „Ich heiße (den eigenen Namen nennen), Heike und ich behaupte, dies ist ein Pröppolum!“ So werden alle vorangegangenen Namen immer wieder aufgezählt. Der Letzte muss sich also alle Namen merken. Da aber der Spaß nicht in Stress umschlagen soll, dürfen alle immer helfen, falls jemandem ein Name mal nicht sofort einfallen sollte.

Spiel
Familien zusammenfinden!
Jedes Kind und jeder Erwachsene bekommt ein Klebeetikett mit einem Namen einer biblischen Familie vor die Stirn geklebt, ohne dass er/sie den Namen lesen kann. Jetzt bewegen sich alle durch den Raum und müssen durch Fragen ihrer Mitspieler herausbekommen, wer sie sind. (Bin ich männlich? Habe ich eine Arche gebaut? …) Wer seinen Namen erraten hat, macht sich auf die Suche nach seinen Familienmitgliedern. Das Spiel endet, wenn sich alle biblischen Familien zusammengefunden haben.

[7] Lied Nr. 56 aus Menschenskinderlieder, Menschenkinder Verlag, Münster

Achtung: Dieses Spiel funktioniert nur, wenn alle Teilnehmer lesen können. Sollte das nicht möglich sein, lassen sie das Spiel einfach weg.

Lied
„Einander brauchen“[8]

Textlesung
Die Erwachsenen wissen sicher gleich was ich meine, aber euch Kinder muss ich doch fragen: „Wisst ihr, was ein Lebenslauf ist?“ *(Die Kinder erzählen lassen)*
„In einem Lebenslauf stehen alle wichtigen Ereignisse aus dem Leben eines Menschen drin. Wann er geboren wurde, wo er aufgewachsen ist, wer seine Eltern sind usw. Wenn man älter ist, dann steht auch darin, wo man zur Schule gegangen ist und welchen Beruf man gelernt hat. Wenn man sich bei einer neuen Arbeit bewirbt, dann will der Chef auch immer erst einen Lebenslauf sehen, damit er weiß, was das für ein Mensch ist, der sich da bei ihm beworben hat.
Ich habe euch heute auch mal so einen Lebenslauf mitgebracht! Nein, der ist nicht von mir... Dieser Lebenslauf ist von einem sehr wichtigen Menschen, von dem ihr alle schon einmal gehört habt. Wisst ihr, wen ich meine? *(Die Kinder raten lassen)*
Ich habe hier einen Lebenslauf von Jesus. Es steht nicht alles drin, was er so gemacht und erlebt hat. Dann müsste der Lebenslauf noch um einige Meter länger sein, aber einige wichtige Sachen stehen schon drin! Hier geht es los und was meint ihr wohl, was das erste Ereignis war? Klar die Geburt von Jesus. Wir sehen hier die heilige Familie im Stall von Bethlehem und da die drei Weisen aus dem Morgenland. Dann geht es im Leben von Jesus dramatisch weiter. Weil Herodes Jesus töten wollte, musste die kleine Familie nach Ägypten fliehen.
Dann ist einige Zeit leer in diesem Lebenslauf. Jesus hat da sicher eine Menge Dinge erlebt, aber da diese Dinge in der Bibel nicht übermittelt sind, konnte ich die hier auch nicht eintragen. Die nächste Begegnung von Jesus findet statt, als er zwölf Jahre alt ist. Er ist mit seinen Eltern in einem Tempel und unterhält sich mit den Priestern. Aber nicht so, wie ein Kind, sondern er ist den Priestern mit seinen Argumenten schon fast ebenbürtig.

[8] Lied Nr. 120 aus „Das Kindergesangbuch“, Claudius Verlag, München

Dann ist wieder eine Lücke im Lebenslauf. Das Nächste, was wir über Jesus wissen, ist alles sehr ausführlich beschrieben in der Bibel. Jesus ist jetzt ein erwachsener Mann. Er lässt sich von Johannes dem Täufer im Jordan taufen. So, wie wir heute alle meistens als kleine Kinder getauft werden, so wurden zu Jesus Zeiten die Menschen erst im Erwachsenenalter getauft. Auch Jesus war da keine Ausnahme. Er war Gottes Sohn und der Retter, auf den alle Menschen gewartet haben, aber auch er musste sich taufen lassen. Doch Gott zeigt den Menschen, die diese Taufe gesehen haben, dass hier eine besondere Person getauft wird. Als Johannes Jesus die Hand aufgelegt hatte, schwebte eine Taube vom Himmel. Alle Menschen, die das sahen, spürten dies ist ein Zeichen Gottes. Darum ist die Taube auch heute noch etwas sehr Besonderes in der Kirche. Oft sind Bilder mit Tauben zu sehen oder auf den Behängen der Kanzel und des Altars sind Tauben zu sehen. Wenn Kinder getauft werden, dann bekommen sie eine Taufkerze geschenkt. Oft ist auch darauf eine Taube zu sehen. Sie soll an die besondere Taufe von Jesus erinnern.
Dann begann das eigentliche Wirken von Jesus, über das wir heute in jedem Gottesdienst hören. Er begann Jünger um sich zu versammeln, die ihn immer begleiteten und seine Freunde waren. Zusammen haben sie viel erlebt und auch so manche Hochzeit gefeiert. Jesus hat vielen Menschen geholfen. Manche waren blind oder gebeugt oder brauchten eine andere Hilfe. Jesus war für sie da. Auch seine Jünger hatten manchmal Angst. Zum Beispiel, als sie auf einem See waren und ein plötzlicher Sturm einsetzte. Jesus hat dem Sturm befohlen zu vergehen. Vielen Menschen hat Jesus zu essen gegeben. Einmal hat er 5000 Menschen mit fünf Broten und zwei Fischen satt bekommen!
Dann ist er mit seinen Jüngern zusammen zum Passahfest nach Jerusalem gegangen. Die Menschen waren begeistert, als sie ihn kommen sahen. Sie rissen Palmblätter von den Bäumen und haben Jesus damit zugewunken. Doch dieses Passahfest war sein letztes. Er wusste, dass er bald sterben würde. Also hat er noch einmal mit seinen Jüngern zusammen das Abendmahl gefeiert. Er hat ihnen erzählt, dass er bald sterben würde und wie sie nach seinem Tod weitermachen sollen. Schon am nächsten Tag wurde er gefangengenommen und gekreuzigt.
Damit würde ja der Lebenslauf eigentlich enden. Jesus ist tot und sein Leben vorbei. Doch Jesus war stärker als der Tod. Am Ostermorgen kamen die Frauen zu dem Grab von Jesus, um ihn noch einmal zu sehen und ihn

mit kostbaren Ölen einzureiben, da sahen sie, dass das Grab leer war. Jesus war von den Toten auferstanden. Er ist aufgestiegen in den Himmel zu Gott, um dort ewig zu leben. Mit der Taufe hat Jesus sein Leben Gott geschenkt, so wie wir es heute auch machen. Wir lassen uns taufen und bekennen uns zu Gott und Gott ist immer an unserer Seite. Wenn wir einmal sterben, dann leben auch wir bei Gott im Himmel weiter.
Mit der Taufe beginnen wir also unser ewiges Leben. Wenn ich jetzt diese kleine Lasche, die hier an meinem Lebenslauf dran ist, in dieses Loch *(kleiner Schlitz kurz von dem Taufereignis im Lebenslauf!)* stecke, erhalte ich einen Kreis.
Genauso wird auch unser Leben rund, wenn wir uns Gott anvertrauen und taufen lassen. Dann hat unser Leben keinen Anfang und kein Ende mehr, sondern wird zum ewigen Kreis!"

Lied
„Du bist da, wo Menschen leben"[9]

Kreativteil
Die Kinder schneiden die vorbereiteten Bastelbögen aus und setzen sie zu einem Lebenslauf zusammen. Ob die einzelnen Bilder auch von den Kindern angemalt werden sollen, liegt in ihrem Zeitermessen.
Die Erwachsenen formulieren in der Zwischenzeit Gebete für ihre Kinder. Die Gebete könnten unter der Fragestellung stehen: „Das wünsche ich dir für dein Leben!" Die Gebete werden auf ganz kleine Zettelchen geschrieben.
Bis die Kinder mit ihrer Bastelarbeit fertig sind, beginnen die Erwachsenen damit, den Tisch für die Pause zu decken. Aus den verschiedenen Obstsorten und den Schaschlikspießen fertigen sie kleine Obstspieße.

Aktion
Alle Kinder und Erwachsenen finden sich im Freien zusammen. Der Taubenzüchter sollte seine Brieftauben in der Zwischenzeit bereitgestellt haben.
Die Erwachsenen verlesen ihre Gebete für die Kinder und geben die Zettel an den Taubenzüchter weiter, damit dieser die Gebete an den Tauben be-

[9] Lied Nr. 147 aus „Das Kindergesangbuch", Claudius Verlag, München

festigen kann. Wenn alle Gebete verlesen und befestigt sind, werden die Tauben fliegengelassen. Dazu singen wir ein Lied.

Lied
„Der Himmel geht über allen auf“[10]

Pause
Die ganze Gruppe findet sich am Tisch wieder ein. Die vorbereiteten Speisen werden gemeinsam verzehrt.

Lied als Tischgebet
„Wir wollen danken“[11]

Andacht
Die ganze Gruppe findet sich um das Taufbecken ein. Je nach Gruppengröße stellen sich alle im Kreis um das Becken, oder nehmen im vorbereiteten Stuhlkreis Platz.

Lied
„Wir sind eingeladen“[12]

Gebet
Großer Gott, wir danken dir für diesen Tag. Du bist unser Vater und wir sind deine Kinder. Mit unserer Taufe haben wir uns zu dir bekannt und du hast uns in deinen Schutz genommen. Wir werden nie alleine sein, denn du wirst immer an unserer Seite stehen. Auch wenn wir das manchmal vergessen, dann schickst du uns doch immer wieder Menschen, die uns an dein Wort erinnern. Wir danken dir für den Spaß, den wir heute zusammen hatten und für die vielen Worte, die wir heute über dich gehört haben. Wir freuen uns, dass wir mit dir in unserer Mitte zusammenkommen durften.
Wir bitten dich, sei auch in den nächsten Tagen bei uns und halte uns an deiner Hand.
Amen

[10] Lied Nr. 7 aus Menschenskinderlieder, Menschenkinder Verlag, Münster
[11] Lied Nr. 37 aus Menschenskinderlieder, Menschenkinder Verlag, Münster
[12] Lied Nr. 205 aus „Das Kindergesangbuch“, Claudius Verlag, München

Lied
„Segne dieses Kind"[13]

Tauferinnerung
In das Taufbecken wird das Wasser eingefüllt.

Glaubensbekenntnis (Apostolikum):

Wir taufen Kinder auf den Namen Gottes.
Wir vertrauen sie so der Liebe und der Herrschaft Gottes an
und nehmen sie in die christliche Kirche auf.
Dabei werden wir auch an unsere eigene Taufe erinnert. Unseren Glauben sprechen wir stellvertretend für die Kinder aus mit dem Bekenntnis des Glaubens, das in der Kirche seit alter Zeit überliefert wird:

Gemeinsam mit allen Erwachsenen beten wir:
Ich glaube an Gott, den Vater,
den Allmächtigen,
den Schöpfer des Himmels und der Erde.

Und an Jesus Christus,
seinen eingeborenen Sohn,
unsern Herrn,
empfangen durch den Heiligen Geist,
geboren von der Jungfrau Maria,
gelitten unter Pontius Pilatus,
gekreuzigt, gestorben und begraben,
hinabgestiegen in das Reich des Todes,
am dritten Tage auferstanden von den Toten,
aufgefahren in den Himmel;
er sitzt zur Rechten Gottes, des allmächtigen Vaters;
von dort wird er kommen, zu richten die Lebenden und die Toten.

[13] Lied Nr. 97 aus „Das Kindergesangbuch", Claudius Verlag, München

Ich glaube an den Heiligen Geist,
die heilige christliche Kirche, Gemeinschaft der Heiligen, Vergebung der Sünden, Auferstehung der Toten
und das ewige Leben.

Die Kinder treten nun einzeln an das Taufbecken. In die geöffnete Handfläche wird ein Kreuz mit dem Taufwasser gezeichnet. Dazu werden die Worte gesprochen:
„Du bist getauft im Namen des Vaters, der immer bei uns ist und uns beschützt, im Namen Jesus Christus, der unser Freund ist und im Namen des Heiligen Geistes, der alle unsere Schritte leitet. Daran wollen wir dich erinnern!"

Gemeinsam beten wir:
Vater unser im Himmel,
geheiligt werde dein Name.
Dein Reich komme.
Dein Wille geschehe,
wie im Himmel, so auf Erden.
Unser tägliches Brot gib uns heute.
Und vergib uns unsere Schuld,
wie auch wir vergeben unsern Schuldigern.
Und führe uns nicht in Versuchung,
sondern erlöse uns von dem Bösen.
Denn dein ist das Reich
und die Kraft und die Herrlichkeit
in Ewigkeit.
Amen

Segenslied
„Nun segne und behüte uns"[14]

[14] Lied Nr. 218 aus „Das Kindergesangbuch", Claudius Verlag, München

TAUFE VERBINDET!

Zusammenfassung des Themas

Mit der Taufe geben wir unsere Kinder in Gottes Hand. Sie werden Teil einer großen Gemeinschaft. Das Gefühl einer Gemeinschaft ist den Kindern nicht so ohne weiteres theoretisch zu erklären. Sie erleben die christliche Gemeinschaft in der Kirche oder aber spätestens bei diesem Tauferinnerungstag. Ein Beispiel zu diesem Thema kann die Vorteile einer Gemeinschaft vielleicht etwas deutlicher machen.

Ich habe als Grundlage für diesen Tauferinnerungstag das Buch „Swimmy" von Leo Lionni genommen. Sie können den gekürzten Text dieser Einheit einsetzen, besser aber noch das originale Buch. (erschienen im Gertraud Middeulhauve Verlag, Köln, 1980)

Material
Pappen in rot, blau, gelb und schwarz, Scheren, dicke Stifte, doppelseitiges Klebeband, Kartoffelsack mit leichter Füllung (z. B. mit Styropor füllen), Ketten mit Fischanhängern (z. B. aus einem christlichen Geschenkartikelladen), Papiertischdecke von der Rolle, Krepppapier in hellblau, dunkelblau und grün, Klebestifte, Bürotacker, Lebensmittel und Getränke für die Pause (siehe Vorbereitung für die Pause)

Vorbereitung
Schneiden Sie aus der roten Pappe Fische (siehe Bastelvorlage) als Namensschildchen aus. Schreiben Sie die Namen aller Teilnehmer auf die Fische und befestigen Sie an der Rückseite einen Streifen Klebeband. Mit diesem wird das Schildchen später an der Kleidung befestigt. Es werden aber noch mehr rote Fische benötigt, auf die später Gebete geschrieben werden sollen. Diese Fische brauchen nur den Doppelkleber auf der Rückseite.
Aus der schwarzen Pappe wird nur ein Fischschildchen ausgeschnitten und mit dem Namen „Jesus“ beschriftet. Dieser Fisch wird zur Seite gelegt, da er erst am Ende des Tages gebraucht wird. Er sollte vorher auch nicht zu sehen sein. Schneiden Sie aus der blauen Pappe zwei Fische so groß aus, dass alle Namensfische und Gebetsfische zusammen auf einem solchen Fisch Platz finden.
Zeichnen Sie auf der gelben Pappe kleine Minifischchen auf. Diese werden später für die Pausendekoration benötigt. Genauso wie das Krepppapier. Schneiden Sie dafür die grüne Rolle mit einem scharfen Messer in zwei Zentimeter breite Streifen. Die beiden Blautöne müssen in ca. 50-60 Zentimeter lange Stücke geschnitten werden.
Im Gruppenraum wird ein Stuhlkreis aufgebaut, in dem alle Kinder und Erwachsenen Platz finden.

Vorbereitung für die Pause
Im ersten Moment fallen einem als Verpflegung für die Pause bei diesem Thema sicher Fischkräcker und Lakritzfische ein. Davon würde ich aber dringend abraten, da so der Eindruck entstehen könnte: „Und wir fressen euch doch!“ Besser wäre „Nahrung für Fische“. Grüne Fruchtgummispaghetti kann man als Grünalgen anbieten, Schokoladenpudding als Meeresbodenschlick. Wenn Sie einen Blechkuchen mit blauem Zuckerguss überziehen und in Wellenform schneiden, haben Sie tolle Meereswellen. Kleine

Kekse und Cornflakes sind super Fischfutter. Beschriften Sie die einzelnen Lebensmittel mit kleinen Etiketten, damit deutlich wird, was sie darstellen sollen. Krüge mit Wasser können mit Waldmeister oder Blaubeersaft noch eingefärbt werden und fertig ist das Meeresbuffet.

Begrüßung

...

Lied

„Kommt herein, singt dem Herrn"[15]

Gebet

Wir wollen diesen Tauferinnerungsgottesdienst feiern im Namen des Vaters, der uns alle zu seinen Kindern macht, im Namen Jesus Christus, der unser Bruder ist und im Namen des Heiligen Geistes, der unsere Gemeinschaft mit Liebe und Zusammenhalt erfüllt.
Wir bitten dich Gott, sei du heute unter uns und schenke uns einen schönen Tag. Wir sind so viele verschiedene Personen, aber in deiner Mitte werden wir zu einer großen Gemeinschaft. Wir sind alle Teil eines großen Ganzen, das wir oft gar nicht verstehen können. Hilf uns heute diese Gemeinschaft deutlich zu erfahren.
Amen

Vorstellungsrunde

Alle Erwachsenen und Kinder stellen sich der Reihe nach mit ihren Namen vor. Anschließend müssen alle aufstehen und sich in einer alphabetischen Reihenfolge ihrer Namen wieder im Kreis setzen.
Diese Gruppensortierung lässt sich mit verschiedenen Aufgaben wiederholen. Z. B. könnten sich alle nach ihrer Schuhgröße oder Körpergröße sortiert, zusammenfinden.

[15] Lied Nr. 120 aus „Das Kindergesangbuch", Claudius Verlag, München

Spiel
Alleine hat man schwer zu tragen!
Alle Mitspieler sitzen im Kreis. Es gibt einen Stuhl zu wenig. Der/diejenige, der/die keinen Stuhl mehr bekommen hat, bekommt einen großen Sack (siehe Materialliste) zum Tragen. Mit diesem Sack auf dem Rücken läuft er/sie im Uhrzeigersinn im Kreis herum. Alle anderen Mitspieler versuchen nun hinter seinem Rücken die Plätze zu tauschen. Die Aufgabe des Sackträgers ist es, sein Bündel auf einen der freiwerdenden Stühle zu stellen. Ist ihm dies gelungen, muss die Person, die nun keinen Platz mehr gefunden hat das Bündel aufnehmen und im Kreis laufen.

Lied
„Einsam bist du klein"[16]

Textlesung
„In dem Lied haben wir gerade schon gehört: einsam bist du klein! Wir sind auch manchmal einsam und fühlen uns klein. Dabei sind wir eigentlich nie alleine, denn Gott ist immer um uns. Mit unserer Taufe haben wir unser Leben Gott geschenkt und Gott hat uns versprochen immer bei uns zu sein. Manchmal vergessen wir das. Dann müssen wir uns wieder daran erinnern.
Aber nicht nur Menschen können alleine sein. Was glaubt ihr, wer noch einsam und mutlos sein kann?
Ich habe euch heute eine Geschichte mitgebracht, die erzählt von einem Fisch. Dieser Fisch heißt Swimmy. Er war ganz alleine, doch nach einiger Zeit hat er ganz viele Freunde gefunden und zusammen waren sie mächtig und stark."

Die Geschichte
„Irgendwo in einer Ecke des Meeres lebte einmal ein Schwarm kleiner, glücklicher Fische. Sie waren alle rot. Nur einer von ihnen war schwarz. Aber nicht nur in der Farbe unterschied er sich von seinen Schwestern und Brüdern: Er schwamm auch schneller. Sein Name war Swimmy. Eines schlimmen Tages kam ein Thunfisch in diese Ecke des Meeres gebraust, ein

[16] Lied Nr. 11 aus Menschenskinderlieder, Menschenkinder Verlag, Münster

schneller, grimmiger, überaus hungriger Bursche. Der verschlang alle kleinen roten Fische mit einem einzigen Maulaufreißen. Nur ein Fisch entkam ihm. Das war Swimmy. Erschrocken, traurig und einsam wedelte der kleine Swimmy hinaus ins große, große Meer. Nun ist das Meer aber voller wunderbarer Geschöpfe, die Swimmy in seiner heimatlichen Meeresecke nie gesehen hatte. Als der große Ozean ihm Wunder um Wunder vorführte, wurde er bald wieder so munter wie ein Fisch im Wasser. Dann jedoch glaubte Swimmy seinen Augen nicht zu trauen: Er sah einen Schwarm kleiner roter Fische. Hätte er nicht gewusst, dass sein eigener Schwarm verschlungen und verschwunden war: Er hätte die Fische für seine Schwestern und Brüder gehalten. „Kommt mit ins große Meer!", rief er ihnen munter zu. „Ich will euch viele Wunder zeigen!" „Geht nicht", riefen sie. „Dort würden uns die großen Fische fressen." Die Antwort der kleinen Fische machte Swimmy nachdenklich. Er fand es traurig, dass der Schwarm sich nie hinaus ins offene Meer trauen durfte. „Da muss man sich etwas ausdenken!", dachte er. Und er dachte nach. Er überlegte und überlegte und überlegte. Und endlich hatte er einen Einfall. „Ich hab's!", rief er fröhlich. „Lasst uns etwas ausprobieren!" Da Swimmy den kleinen Fischen gefiel, befolgten sie seine Anweisungen: Sie bildeten einen Schwarm in einer ganz bestimmten Form. Jedes Fischchen bekam darin seinen Platz zugewiesen. Als der Schwarm diese bestimmte Form angenommen hatte, da war aus vielen kleinen roten Fischen ein großer Fisch geworden, ein Fisch aus Fischen, ein Riesenfisch. Es fehlte dem Fisch nur das Auge. Also sagte Swimmy: „Ich spiele das Auge!" Jetzt traute der Schwarm sich endlich hinaus ins offene Meer, hinaus in die große Welt der Wunder. Niemand wagte mehr, sie zu belästigen. Im Gegenteil: Selbst die größten Fische nahmen vor dem Schwarm Reißaus. Und so schwimmen viele kleine Fische, getarnt als Riesenfisch, immer noch glücklich durch das Meer, und Swimmy fühlt sich in seiner Rolle als wachsames Auge sehr, sehr wohl."[17]

[17] Z. B. unter www.rauchfass.de/material/geschichten/swimmy.html

Lied
„Wie fröhlich muss Gott sein“[18]

Kreativteil
Die Kinder bereiten für die Pause einen Tisch in Seeoptik vor. Dazu wird der Tisch zunächst mit einer Papierdecke überzogen. Dann kleben die Kinder die verschieden blauen Krepppapierstückchen auf der Decke fest, bis alles weiße bedeckt ist. Aus den grünen Krepprollen werden 30 Zentimeter lange Streifen geschnitten. Von diesen Stückchen werden immer drei bis vier zu einem Puschel zusammengetackert. Diese Seealgenpuschel werden etwa zehn Zentimeter vom Rand entfernt auf die Decke geklebt, sodass die Algen an der Seite herunterhängen können. Die Fische auf der gelben Pappe werden ausgeschnitten und auf dem Tisch verteilt.
Die Eltern und Paten setzen sich in der Zwischenzeit in einem separaten Raum zusammen und tauschen sich zu folgenden Fragestellungen aus:
„Was können wir tun, um unseren Kindern die Gemeinschaft Gottes noch deutlicher im Alltag vorzuleben?“
„Wo wird im Alltag deutlich, dass unsere Kinder getauft sind?“
Die Eltern halten ihre Ergebnisse auf einem der großen blauen Fische schriftlich fest. Außerdem formulieren die Eltern kleine Gebetsanliegen für ihre Kinder, die in der Andacht verlesen werden. Diese schreiben sie auf kleine rote Fische.

Pause
Alle Kinder und Erwachsenen nehmen an der großen Seetafel platz. Gemeinsam beginnen sie mit einem Tischgebet:
„Jedes Tierlein hat sein Essen,
jedes Blümlein trinkt von dir!
Hast auch uns heut nicht vergessen,
lieber Gott, wir danken dir!“
(Dieses Gebet lässt sich auch mit der Melodie von „Alle Vögel sind schon da“ singen.)

[18] Lied Nr. 121 aus „Das Kindergesangbuch“, Claudius Verlag, München

Andacht
Die ganze Gruppe findet sich um das Taufbecken ein. Je nach Gruppengröße stellen sich alle im Kreis um das Becken oder nehmen im vorbereiteten Stuhlkreis Platz.

Lied
„Gut, dass wir einander haben“[19]

Gebet
Die Gebetsanliegen der Eltern werden verlesen und auf den zweiten blauen Fisch geklebt.

Lied
„Ins Wasser fällt ein Stein“[20]

Tauferinnerung
In das Taufbecken wird das Wasser eingefüllt.

Glaubensbekenntnis (Apostolikum):

Wir taufen Kinder auf den Namen Gottes.
Wir vertrauen sie so der Liebe und der Herrschaft Gottes an
und nehmen sie in die christliche Kirche auf.
Dabei werden wir auch an unsere eigene Taufe erinnert. Unseren Glauben sprechen wir stellvertretend für die Kinder aus mit dem Bekenntnis des Glaubens, das in der Kirche seit alter Zeit überliefert wird:

Gemeinsam mit allen Erwachsenen beten wir:
Ich glaube an Gott, den Vater,
den Allmächtigen,
den Schöpfer des Himmels und der Erde.

[19] Lied Nr. 237 aus „Feiert Jesus“, das Jugendliederbuch, Hänssler-Verlag, Neuhausen Stuttgart
[20] Lied Nr. 151 aus „Das Kindergesangbuch“, Claudius Verlag, München

Und an Jesus Christus,
seinen eingeborenen Sohn,
unsern Herrn,
empfangen durch den Heiligen Geist,
geboren von der Jungfrau Maria,
gelitten unter Pontius Pilatus,
gekreuzigt, gestorben und begraben,
hinabgestiegen in das Reich des Todes,
am dritten Tage auferstanden von den Toten,
aufgefahren in den Himmel;
er sitzt zur Rechten Gottes, des allmächtigen Vaters;
von dort wird er kommen, zu richten die Lebenden und die Toten.

Ich glaube an den Heiligen Geist,
die heilige christliche Kirche, Gemeinschaft der Heiligen, Vergebung der Sünden, Auferstehung der Toten
und das ewige Leben.

Die Kinder treten nun einzeln an das Taufbecken. In die geöffnete Handfläche wird ein Kreuz mit dem Taufwasser gezeichnet. Dazu werden die Worte gesprochen:
„Du bist getauft im Namen des Vaters, der immer bei uns ist und uns beschützt, im Namen Jesus Christus, der unser Freund ist und im Namen des Heiligen Geistes, der alle unsere Schritte leitet. Daran wollen wir dich erinnern!"

Wir alle sind auch so eine große Gemeinschaft, wie die Fischfreunde um Swimmy. Der große, blaue Fisch mit den Gebeten wird in die Mitte gelegt. Die Kinder nehmen nun ihre Namensschildchen ab und kleben diese auf den Fisch. Achten sie darauf, dass die Stelle für das Auge frei bleibt. Das Auge ist diesmal aber nicht Swimmy, sondern ein ganz besonderer Mensch. Lassen sie die Kinder raten, wer gemeint sein könnte!
Kleben sie dann den schwarzen Fisch mir dem Namen Jesus an die Stelle des Auges.

Gemeinsam beten wir:
Vater unser im Himmel,
geheiligt werde dein Name.
Dein Reich komme.
Dein Wille geschehe,
wie im Himmel, so auf Erden.
Unser tägliches Brot gib uns heute.
Und vergib uns unsere Schuld,
wie auch wir vergeben unsern Schuldigern.
Und führe uns nicht in Versuchung,
sondern erlöse uns von dem Bösen.
Denn dein ist das Reich
und die Kraft und die Herrlichkeit
in Ewigkeit.
Amen

Jedes Kind bekommt nun eine Kette mit einem Fischanhänger geschenkt.

Segenslied
„Der Herr segne dich"[21]

Bastelvorlagen

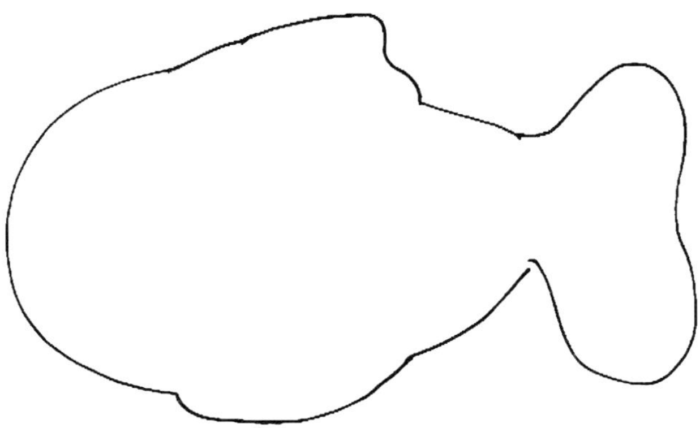

[21] Lied Nr. 217 aus „Das Kindergesangbuch", Claudius Verlag, München

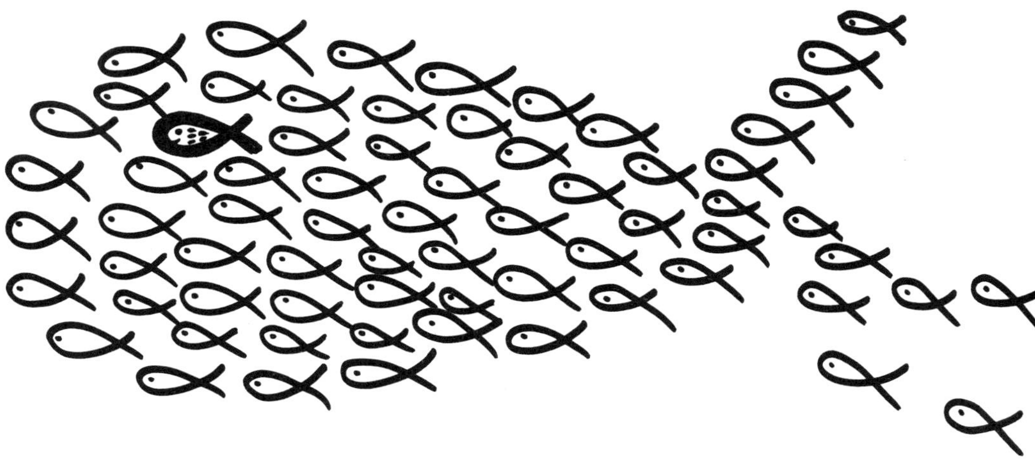

DER AFRIKANISCHE MINISTER

Zusammenfassung des Themas

Die anwesenden Kinder und sicher auch die meisten Erwachsenen, die an diesem Tauferinnerungstag teilnehmen, wurden sicher als kleine Babys getauft. Sie sind Christen, weil ihre Eltern es auch waren bzw. sind und diesen Lebensweg auch für ihre Kinder ausgesucht haben. Für die meisten Kinder gehört der Glaube an Gott und Jesus zu einer sehr frühkindlichen Erfahrung. Mit dem Minister aus Afrika, wie er in der Apostelgeschichte 8 beschrieben wird, lernen die Kinder heute eine Person kennen, die sich als Erwachsener aus einem völlig anderen Glaubensumfeld auf die Suche nach Gott macht. Der Minister ist nicht von seinen Eltern auf diesem Weg be-

gleitet worden, er hat keine Paten, die er nach Gott und Jesus fragen kann. Dennoch spürt er, dass dies der Glaube ist, der für sein Leben von so großer Bedeutung ist, dass er sich auf den Weg in das weit entfernte Jerusalem macht, um diesem Gott, von dem er bisher nur gehört hat, zu begegnen. Er lernt was er wissen muss aus den heiligen Schriften und was er nicht versteht, erklärt ihm Phillippus, den er auf der Straße trifft. Dieser Phillippus ist nicht zufällig auf dieser Straße unterwegs. Gott lässt sich nicht nur von dem afrikanischen Minister finden, sondern er geht ihm in der Person des Phillippus entgegen. Er erklärt ihm, was die Bilder der Bibel meinen, wenn sie von dem Lamm Gottes und den Gleichnissen sprechen.
Als der Minister alles verstanden hat, weiß er, dass dies der Glaube und der Gott ist, der sein Leben reich macht. Er lässt sich von Phillippus taufen, um sich Gott sofort anzuvertrauen und seinen neuen Glauben zu besiegeln.

Material
buntes, dickes Papier, doppelseitiges Klebeband, Kinderbibel, Tapetenbahnen, Paketklebeband, dicke Stifte, runde Holzstäbe, Holz- oder Wattekugeln, deren Öffnung den Holzstab abschließen kann, Dokumentenpapier (Elefantenpapier), Flüssigkleber, Klebestifte, rote, elastische Kordeln oder bunte Haargummis, bunte „Post-it-Zettel" (Haftnotizen), Stifte, Lebensmittel und Getränke für die Pause

Vorbereitung
Kopieren Sie die Bastelvorlage mit den Namensschildchen auf die bunten Pappen und schneiden Sie diese aus. Auf der Rückseite befestigen Sie einen kleinen Streifen doppelseitiges Klebeband. Damit wird das Schildchen an der Kleidung befestigt. Alle teilnehmenden Kinder und Erwachsenen bekommen beim Betreten des Raumes ein Schildchen mit ihrem Namen überreicht.
Schneiden Sie das Dokumentenpapier (Din-A4) senkrecht in zwei Teile, sodass jedes Kind einen Bogen von diesem Zuschnitt bekommt. Außerdem benötigt jedes Kind einen Papierstreifen von ca. drei Zentimetern Breite und zehn Zentimetern Länge. Sägen Sie die Holzstäbe in 15 Zentimeter lange Stücke. Jedes Kind benötigt zwei Holzstöckchen und vier Holzkugeln.
Im Gruppenraum wird ein Stuhlkreis aufgebaut, in dem alle Kinder und Erwachsenen Platz nehmen.

Begrüßung

…

Lied

„Ein Fest, ein Fest“[22]

Gebet

Großer Gott, du hältst die ganze Welt in deiner Hand. Alle Menschen, die sich mit ihrer Taufe zu dir bekannt haben, sind deine Kinder und stehen unter deinem Schutz. Wir danken dir, dass auch wir zu deinen Kindern gehören dürfen. Egal, ob wir hier in Deutschland wohnen, in Afrika, in Südamerika, oder am Nordpol. Wir alle gehören zu dir, keiner ist dir zu weit weg, du siehst uns alle. Wir sind heute hier zu diesem Tauferinnerungsgottesdienst zusammengekommen, um uns an unsere Taufe zu erinnern und um dein Wort zu hören. Wir hören Geschichten von Menschen, die sich schon lange vor uns haben taufen lassen. Wir wollen heute viel zusammen erleben und viel Spaß haben. Wir bitten dich, sei du in unserer Mitte und schenke uns einen schönen Tag.
Amen

Lied

„Er hält die ganze Welt“[23]

Vorstellungsrunde

Alle Kinder und Erwachsenen stellen sich mit ihrem Namen und einer typischen Geste vor. Das Vorstellungsspiel funktioniert wie „Ich packe meinen Koffer“ nur nicht mit Gegenständen, sondern mit Gesten.
Es geht los bei Kai: „Ich heiße Kai und mache immer so (winken).“
Es geht weiter bei Gaby. Sie sagt: „Das ist Kai, der macht immer (winken). Mein Name ist Gaby und ich mache immer (zwinkern).“
So werden immer alle Namen und Gesten der Personen des Kreises wiederholt und anschließend die eigene Person angehängt.

[22] Lied Nr. 92 aus „Das Kindergesangbuch“, Claudius Verlag, München
[23] Lied Nr. 143 aus „Das Kindergesangbuch“, Claudius Verlag, München

Spiel
Heute hören wir eine Geschichte über einen Minister aus Afrika. Dieser Minister war sicher mit seinen Ministerkollegen schon einmal auf Löwenjagd in der afrikanischen Savanne. So was Ähnliches wollen wir heute auch spielen. Wir gehen nämlich auf Löwenjagd!

Alle Kinder und Erwachsenen sitzen im Kreis (entweder kniend auf dem Boden oder im Stuhlkreis). Gesprochen wird in einem „Marschierrhythmus".

Spielleitung: „Wir gehen heute auf Löwenjagd!" *(die Hände werden auf die Knie geschlagen, wie Schritte)*
Alle: „Wir gehen heut auf Löwenjagd!"
Spielleitung: „Und haben keine Angst!"
Alle: „Und haben keine Angst!" *(dabei schütteln sie demonstrativ den Kopf)*
Spielleitung: „Wir haben ein Gewähr dabei!" *(Arme wie zum Schuss erheben)*
Alle: „Wir haben ein Gewähr dabei!"
Spielleitung: „Und auch ein blankes Schwert!" *(mit einem „Wusch" wird ein unsichtbares Schwert aus der Scheide gezogen)*
Alle: „Und auch ein blankes Schwert!"
Spielleitung: „Huch, was ist denn das?" *(hält die Hand über die Augen, als ob sie Ausschau hält)*
Alle: „Huch, was ist denn das?" *(halten die Hände über die Augen, als ob sie Ausschau halten)*
Spielleitung: „Ein großer See!" *(beschreibt mit den Händen einen großen Kreis)*
Alle: „Ein großer See!"*(beschreiben mit den Händen einen großen Kreis)*
Spielleitung: „Wir kommen nicht darüber weg." *(mit den Händen eine Geste wie „darüber" machen)* „Wir kommen nicht darunter durch." *(mit den Händen eine Geste wie „darunter" machen)* „Und wir kommen auch nicht drum herum." *(mit den Händen „drum herum" anzeigen)* „Nein, nein, nein!" *(wedelt mit dem Zeigefinger wie zum „Nein")*. „Wir müssen mitten durch." *(faltet die Hände vor dem Körper und macht plötzlich schnelle Schwimmbewegungen)* „Wir müssen mittendurch. Wir müssen schwimmen."

Alle sprechen die ganze Zeit mit und ahmen die Bewegungen nach.
Spielleitung: „Wir sind durch – puh!" *(wischt sich mit dem Unterarm über die Stirn)*
Alle wischen sich mit dem Unterarm über die Stirn.
Die Jagd geht weiter. Die Spielleitung klopft wieder abwechselnd auf die Oberschenkel oder stampft mit den Füßen wie beim Gehen.

Spielleitung: „Wir gehen heute auf Löwenjagd!" *(die Hände werden auf die Knie geschlagen, wie Schritte)*
Alle: „Wir gehen heut auf Löwenjagd!"
Spielleitung: „Und haben keine Angst!"
Alle: „Und haben keine Angst!" *(dabei schütteln sie demonstrativ den Kopf)*
Spielleitung: „Wir haben ein Gewähr dabei!" *(Arme wie zum Schuss erheben)*
Alle: „Wir haben ein Gewähr dabei!"
Spielleitung: „Und auch ein blankes Schwert!" *(mit einem „Wusch" wird ein unsichtbares Schwert aus der Scheide gezogen)*
Alle: „Und auch ein blankes Schwert!"
Spielleitung: „Huch, was ist denn das?" *(Hand über die Augen zur Ausschau halten)*
Alle: „Huch, was ist denn das?" *(Hände über die Augen zur Ausschau halten)*
Spielleitung: „Ein großes Feuer!" *(in der Luft wedeln die Arme wie Feuerzungen)*
Alle: „Ein großes Feuer!" *(in der Luft wedeln die Arme wie Feuerzungen)*
Spielleitung: „Wir kommen nicht darüber weg, wir kommen nicht darunter durch, und wir kommen auch nicht drum herum. Nein, nein, nein. Wir müssen mittendurch." *(mit den Gesten wie oben)* „Wir müssen pusten." *(pustet schnell zu allen Seiten, als ob sie Kerzen auspusten möchte)* „Wir sind durch – puh!" *(wischt sich mit dem Unterarm über die Stirn)*
Alle sprechen die ganze Zeit mit und ahmen die Bewegungen nach.

Spielleitung: „Wir gehen heute auf Löwenjagd!" *(die Hände werden auf die Knie geschlagen, wie Schritte)*
Alle: „Wir gehen heut auf Löwenjagd!"
Spielleitung: „Und haben keine Angst!"

Alle: „Und haben keine Angst!" *(dabei schüttelt sie demonstrativ den Kopf)*
Spielleitung: „Wir haben ein Gewähr dabei!" *(Arme wie zum Schuss erheben)*
Alle: „Wir haben ein Gewähr dabei!"
Spielleitung: „Und auch ein blankes Schwert!" *(mit einem „Wusch" wird ein unsichtbares Schwert aus der Scheide gezogen)*
Alle: „Und auch ein blankes Schwert!"

Spielleitung: „Huch, was ist denn das?" *(Hand über die Augen zur Ausschau halten)*
Alle: „Huch, was ist denn das?" *(Hand über die Augen zur Ausschau halten)*
Spielleitung: „Elefantengras, wie hoch das ist!" *(wieder mit nach oben gestreckten Armen wedeln)*
Alle: „Elefantengras, wie hoch das ist!" *(wieder mit nach oben gestreckten Armen wedeln)*
Spielleitung: „Wir kommen nicht darüber weg, wir kommen nicht darunter durch, und wir kommen auch nicht drum herum. Nein, nein, nein. Wir müssen mittendurch." *(mit den Gesten wie oben)* „Wir müssen mittendurch. Wir müssen schneiden." *(schlägt sich wie mit einer Machete den Weg frei.)* „Wir sind durch – puh!" *(wischt sich mit dem Unterarm über die Stirn)*
Alle sprechen die ganze Zeit mit und ahmen die Bewegungen nach.

Spielleitung: „Wir gehen heute auf Löwenjagd!" *(die Hände werden auf die Knie geschlagen, wie Schritte)*
Alle: „Wir gehen heut auf Löwenjagd!"
Spielleitung: „Und haben keine Angst!"
Alle: „Und haben keine Angst!" *(dabei schütteln sie demonstrativ den Kopf)*
Spielleitung: „Wir haben ein Gewähr dabei!" *(Arme wie zum Schuss erheben)*
Alle: „Wir haben ein Gewähr dabei!"
Spielleitung: „Und auch ein blankes Schwert!" *(mit einem „Wusch" wird ein unsichtbares Schwert aus der Scheide gezogen)*
Alle: „Und auch ein blankes Schwert!"

Spielleitung: „Huch, was ist denn das?" *(Hand über die Augen zur Ausschau halten)*
Alle: „Huch, was ist denn das?" *(Hand über die Augen zur Ausschau halten)*
Spielleitung: „Da ist ein tiefer Sumpf!" *(alle machen Schlürfgeräusche)*
Alle: „Da ist ein tiefer Sumpf!" *(alle machen Schlürfgeräusche)*
Spielleitung: „Wir kommen nicht darüber weg, wir kommen nicht darunter durch, und wir kommen auch nicht drum herum. Nein, nein, nein. Wir müssen mittendurch. *(mit den Gesten wie oben)* Wir müssen mittendurch. Wir sind durch – puh!" *(wischt sich mit dem Unterarm über die Stirn)*
Alle sprechen die ganze Zeit mit und ahmen die Bewegungen nach.

Spielleitung: „Wir gehen heute auf Löwenjagd!" *(die Hände werden auf die Knie geschlagen, wie Schritte)*
Alle: „Wir gehen heut auf Löwenjagd!"
Spielleitung: „Und haben keine Angst!"
Alle: „Und haben keine Angst!" *(dabei schütteln sie demonstrativ den Kopf)*
Spielleitung: „Wir haben ein Gewähr dabei!" *(Arme wie zum Schuss erheben)*
Alle: „Wir haben ein Gewähr dabei!"
Spielleitung: „Und auch ein blankes Schwert!" *(mit einem „Wusch" wird ein unsichtbares Schwert aus der Scheide gezogen)*
Alle: „Und auch ein blankes Schwert!"
Spielleitung: „Huch, was ist denn das?" *(Hand über die Augen zur Ausschau halten)*
Alle: „Huch, was ist denn das?" *(Hand über die Augen zur Ausschau halten)*
Spielleitung: „Eine Höhle. Wir gehen mal hinein. Ganz dunkel ist es hier. Man sieht nichts. Wir müssen uns vortasten." *(vorsichtig geht man mit den Händen tastend) Plötzlich mit fast flüsternder Stimme:* „Oh, was ist das? *(weiter tastend)* Ein Schwanz, ein Fell, eine Mähne… Huch, ein Löwe. Schnell weg! *(nun klatscht man wieder ganz schnell auf die Oberschenkel oder stampft mit den Füßen auf den Boden, als ob man rennt)*
Alle sprechen die ganze Zeit mit und ahmen die Bewegungen nach.
Auf der Flucht werden nun alle Hindernisse rückwärts ganz schnell durchlaufen:

Durch den Sumpf ..." (Schlürf oder Plitsch-Platsch), „Durch das Elefantengras ..." (Hackbewegungen), „Durch das Feuer ..." (Pusten), „Durch den See ..." (Schwimmbewegungen). Zwischen den Hindernissen wird immer wieder das Laufen imitiert. (stampfen oder auf die Oberschenkel klatschen)
Spielleitung: „Puh!" *(Spielleitung wischt sich mit dem Unterarm über die Stirn)* „Endlich zu Hause. Fast hätten wir einen Löwen gefangen!"

Lied
„Unter Gottes Regenbogen"[24]

Aktion
Die Tapetenbahnen werden zu einer großen Fläche zusammengeklebt (ca. 2x2 Meter, bei sehr großen Gruppen auch gerne größer) und auf eine große Tischfläche gelegt.
Alle Kinder, Eltern und Paten verteilen sich um diese Fläche und malen, bzw. schreiben, was ihnen einfällt zu dem Satz: „Was ich über Gott weiß!" Während der Schreib- und Malphase sollte geschwiegen werden. Nach einiger Zeit wird die Aktion abgebrochen. Alle legen ihre Stifte zur Seite. Jetzt haben alle Zeit, noch einmal um den Tisch zu gehen und sich die Antworten und Bilder genau anzusehen. Wenn alle genug gesehen haben, setzen sie sich wieder in den Stuhlkreis.

Textlesung
Lesen Sie die Geschichte von der Taufe des afrikanischen Ministers aus einer Kinderbibel vor. (z. B. Geschichte 53 „Ein Minister aus Afrika", aus der Neukirchener Kinderbibel)
Anschließend tauschen sich alle Kinder und Erwachsenen über das Gehörte aus.
Die große Tapetenfläche aus der vorangegangenen Aktion wird in die Mitte des Stuhlkreises gelegt, sodass sie alle sehen können.
Dann überlegen alle: „Wenn ich nur das über Gott wüsste, was hier auf diesem Papier steht, würde das reichen, damit ich mich zu Gott bekenne?"

[24] Lied Nr. 162 aus „Das Kindergesangbuch", Claudius Verlag, München

Lied
„Komm sag es allen weiter“[25]

Kreativteil
Die Kinder basteln sich eine Dokumentenrolle. Dazu legen sie den Papierzuschnitt quer vor sich auf den Tisch. An beiden Seiten des Papiers wird mit dem doppelseitigen Klebeband eines der Holzstäbchen aufgeklebt. Die Enden der Holzstäbchen werden jeweils mit einer Holzkugel, die mit etwas Flüssigkleber befüllt wurde, abgeschlossen. Jetzt rollen die Kinder die Dokumentenrolle von beiden Seiten her zur Mitte hin auf.
Auf den Papierstreifen schreiben die Kinder ihren Namen. Kleinere Kinder brauchen dabei natürlich Hilfe. Dieser Papierstreifen wird an dem roten Band/Haargummi befestigt. Dieses Gummi wird um die aufgerollte Dokumentenrolle gestülpt, damit die Rolle zusammenbleibt.
Die Eltern und Paten formulieren in der Zwischenzeit Antworten zu dem Satz: „Was Gott für unser Leben bedeutet!“ und schreiben auf je einen Haftzettel eine Antwort.
Die Kinder bringen die fertigen Dokumentenrollen zu ihren Eltern und beginnen dann den Tisch für die Pause vorzubereiten. Die Eltern kleben nun die Antwortzettelchen mit einem Klebestift in die Rollen ihrer Kinder. Die fertigen Rollen werden in einem Korb gesammelt.

Pause
Alle Kinder und Erwachsenen nehmen an der Pausentafel Platz.
Vor dem Essen singen wir gemeinsam als Tischgebet ein Lied.

Lied
„Iss und Trink“[26]

Andacht
Die ganze Gruppe findet sich um das Taufbecken ein. Je nach Gruppengröße stellen sich alle im Kreis um das Becken oder nehmen im vorbereiteten Stuhlkreis Platz.

[25] Lied Nr. 204 aus „Das Kindergesangbuch“, Claudius Verlag, München
[26] Lied Nr. 11 aus „Das Kindergesangbuch“, Claudius Verlag, München

Lied
„Nun danket alle Gott“[27]

Gebet
Gott des Himmels und der Erde, wir danken dir, dass du uns nicht vergisst, egal in welcher Ecke der Erde wir leben. Du lässt uns so viele wunderbare Dinge erleben. Doch auch wenn es in unserem Leben einmal nicht so gut läuft, dann schickst du uns immer wieder Menschen, die uns zeigen, dass du an unserer Seite stehst, auch wenn wir das einmal vergessen habe. Mit unserer Taufe sind wir für immer mit dir verbunden, egal was das Leben uns auch bringen mag.
Wir danken dir, für den Tag, den wir heute miteinander verbringen durften. Wir danken dir für die Freude, die wir hatten und das Wort, das wir gehört haben.
Wir bitten dich, sei du immer bei uns und schütze uns vor allem Bösen!
Amen

Lied
„Alle Kinder dieser Erde“[28]

Tauferinnerung
In das Taufbecken wird das Wasser eingefüllt.

Glaubensbekenntnis (Apostolikum):

Wir taufen Kinder auf den Namen Gottes.
Wir vertrauen sie so der Liebe und der Herrschaft Gottes an
und nehmen sie in die christliche Kirche auf.
Dabei werden wir auch an unsere eigene Taufe erinnert. Unseren Glauben sprechen wir stellvertretend für die Kinder aus mit dem Bekenntnis des Glaubens, das in der Kirche seit alter Zeit überliefert wird.

[27] Lied Nr. 156/157 aus „Das Kindergesangbuch“, Claudius Verlag, München
[28] Lied Nr. 126 aus „Das Kindergesangbuch“, Claudius Verlag, München

Gemeinsam mit allen Erwachsenen beten wir:
Ich glaube an Gott, den Vater,
den Allmächtigen,
den Schöpfer des Himmels und der Erde.

Und an Jesus Christus,
seinen eingeborenen Sohn,
unsern Herrn,
empfangen durch den Heiligen Geist,
geboren von der Jungfrau Maria,
gelitten unter Pontius Pilatus,
gekreuzigt, gestorben und begraben,
hinabgestiegen in das Reich des Todes,
am dritten Tage auferstanden von den Toten,
aufgefahren in den Himmel;
er sitzt zur Rechten Gottes, des allmächtigen Vaters;
von dort wird er kommen, zu richten die Lebenden und die Toten.

Ich glaube an den Heiligen Geist,
die heilige christliche Kirche, Gemeinschaft der Heiligen, Vergebung der Sünden, Auferstehung der Toten
und das ewige Leben.

Die Kinder treten nun einzeln an das Taufbecken. In die geöffnete Handfläche wird ein Kreuz mit dem Taufwasser gezeichnet. Dazu werden die Worte gesprochen:
„Du bist getauft im Namen des Vaters, der immer bei uns ist und uns beschützt, im Namen Jesus Christus, der unser Freund ist und im Namen des Heiligen Geistes, der alle unsere Schritte leitet. Daran wollen wir dich erinnern!“

Die Kinder bekommen nun ihre fertigen Dokumentenrollen überreicht.

Gemeinsam beten wir:
Vater unser im Himmel,
geheiligt werde dein Name.
Dein Reich komme.

Dein Wille geschehe,
wie im Himmel, so auf Erden.
Unser tägliches Brot gib uns heute.
Und vergib uns unsere Schuld,
wie auch wir vergeben unsern Schuldigern.
Und führe uns nicht in Versuchung,
sondern erlöse uns von dem Bösen.
Denn dein ist das Reich
und die Kraft und die Herrlichkeit
in Ewigkeit.
Amen

Segenslied
„Gott sagt uns immer wieder“[29]

Bastelvorlagen Namensschildchen

[29] Lied Nr. 216 aus „Das Kindergesangbuch“, Claudius Verlag, München

TAUFSPRÜCHE

Zusammenfassung des Themas

Zu jeder Taufe gehört ein Taufspruch. Das sind Sätze und Sprüche aus der Bibel. Diese Taufsprüche können die Eltern und Paten frei aussuchen oder sie können sich beim Taufgespräch von dem Pastor, der Pastorin, eine kleine Auswahl an Taufsprüchen geben lassen und dann aus dieser Auswahl einen Taufspruch aussuchen. Meist ist in diesen Sprüchen ein Lebensauftrag für den Täufling enthalten, oder aber eine Segenszusage, oder ein Trost Gottes.

Diese Taufsprüche werden bei der Taufe vorgelesen und auf der Taufurkunde im Stammbuch der Familie aufgeschrieben. Trotzdem geraten diese Sprüche leicht in Vergessenheit. Kaum eines der Kinder kann sich an seinen Taufspruch erinnern. Erwachsene verwechseln den Taufspruch auch schon mal mit ihrem Konfirmationsspruch.

Am heutigen Tauferinnerungstag wollen wir uns einmal gemeinsam ganz bewusst an unsere Taufsprüche erinnern. Gemeinsam wollen wir überlegen: „Was bedeutet der Taufspruch für mein Leben?" „Hat mir dieser Spruch schon einmal im Leben Trost und Zuversicht gegeben?"

Material

buntes, dickes Papier, doppelseitiges Klebeband, Karteikarten mit Taufsprüchen, Blumen und bunte Tücher zum Gestalten der Mitte, großes Leinenstück oder fertig genähte Decke, Stoffmalstifte, Stoffmalfarben, Bleistifte, Getränke und Lebensmittel für die Pause, Pappe in beige, weiß und blau, Filzstifte, Scheren, Klebestifte

Vorbereitung

Kopieren Sie die Bastelvorlage für die Namensschildchen auf die bunten Pappen und beschriften Sie diese mit den Namen aller Teilnehmer des Tauftages. Auf der Rückseite befestigen Sie einen kleinen Streifen Doppelklebeband, damit wird das Schildchen später an der Kleidung befestigt.
Falls Sie irgendwie die Taufsprüche aller Teilnehmer (auch der Erwachsenen) in Erfahrung bringen können, sollten Sie darauf achten, dass alle diese Sprüche am besten mehrfach auf den Karteikarten vorhanden sind.
Umsäumen Sie das Leinenstück zu einer großen Tischdecke. Diese können Sie später als Altartuch oder als Tischtuch für besondere Gemeindeanlässe nutzen.
Fertigen Sie aus der Bastelvorlage für die Bilderrahmen eine stabile Schablone. Zeichnen Sie nun auf der beigen Pappe die Umrisse des gesamten Bildes vor. Auf der blauen Pappe werden die Rahmen vorgezeichnet. Ausschneiden können die Erwachsenen selber. Sie brauchen für jeden Täufling ein Bild. Es ist natürlich auch möglich, dass die Geschwisterkinder, die zur Begleitung dabei sind auch jeweils einen Taufspruchrahmen bekommen. Dann benötigen Sie entsprechend mehr Vorlagen.
Im Gruppenraum wird ein Stuhlkreis aufgebaut, in dem alle Kinder und Erwachsenen Platz nehmen. Die Mitte des Kreises wird mit den Tüchern und Blumen dekoriert. Auf den Tüchern werden die vorbereiteten Taufsprüche verteilt.

Begrüßung

...

Lied

„Wieder kommen wir zusammen“[30]

[30] Lied Nr. 183 aus „Das Kindergesangbuch“, Claudius Verlag, München

Gebet
Als Eingangsgebet wollen wir heute den 23. Psalm beten. Dies ist ein Gebet des Königs David und kommt in Auszügen in sehr vielen Taufsprüchen vor:
Der Herr ist mein Hirte, mir wird nichts mangeln.
Er weidet mich auf einer grünen Aue
und führet mich zum frischen Wasser.
Er erquicket meine Seele.
Er führet mich auf rechter Straße um seines Namens willen.
Und ob ich schon wanderte im finstern Tal,
fürchte ich kein Unglück; denn du bist bei mir,
dein Stecken und Stab trösten mich.
Du bereitest vor mir einen Tisch im Angesicht meiner Feinde.
Du salbest mein Haupt mit Öl und schenkest mir voll ein.
Gutes und Barmherzigkeit werden mir folgen mein Leben lang,
und ich werde bleiben im Hause des Herrn immerdar.
(Natürlich können Sie dem Psalm noch ein freies Gebet anschließen)

Vorstellungsrunde
Ich bin und du bist!
Alle Kinder und Erwachsenen erkundigen sich zu Beginn des Spieles nach den Namen ihrer Mitspieler rechts und links. Dies kann alles durcheinander geschehen. Dann beginnt eine Person und stellt sich und seinen rechten Nachbarn vor: „Ich heiße Heike und das ist Pia!" Nun macht Pia weiter und sagt: „Ich heiße Pia und das ist Klaus!"
So geht die Runde einmal ganz herum.

Spiel
Taufsprüche sind eigentlich Sätze, die man sich im Allgemeinen gut merken kann und die man leicht aussprechen kann. In dem folgenden Spiel geht es um Sätze, die man nicht so einfach aussprechen kann, nämlich Zungenbrecher.
Alle stehen im Kreis hinter ihren Stühlen. Die erste Person beginnt mit einem Zungenbrecher. Die zweite Person wiederholt usw. Wer sich verspricht oder den Satz nicht mehr weiß, stellt sich vor seinen Stuhl. Beim zweiten Patzer muss sich der/diejenige auf den Stuhl setzen. Das Spiel ist zu Ende, wenn alle wieder sitzen.

Ein paar Beispielzungenbrecher:

- Bürsten mit weißen Borsten bürsten besser als Bürsten mit schwarzen Borsten bürsten.
- Der Cottbusser Postkutscher putzt den Cottbusser Postkutschenkasten.
- Blaukraut bleibt Blaukraut und Brautkleid bleibt Brautkleid.
- Frische Fische fischt Fischer Fritze.
- Der Leutnant von Läuten, befahl seinen Leuten, nicht eher zu läuten, bis der Leutnant von Läuten, seinen Leuten, das Läuten befahl.
- Es klapperten die Klapperschlangen, bis ihre Klapper schlapper klangen.
- Zehn Ziegen ziehen zehn Zentner Zucker zum Zoo – zum Zoo ziehen zehn Ziegen zehn Zentner Zucker.
- Der Kaplan klebt Pappplakate.
- Zwei Schweizer schwitzen beim Schweißen – beim Schweißen schwitzen zwei Schweizer.

Aktion

Jede/Jeder sucht sich in der Mitte die Karte mit seinem/ihrem Taufspruch heraus. Die Kinder brauchen da sicher die Hilfe ihrer Eltern und Paten. Sollte jemand seinen Taufspruch nicht kennen und er ist auch nicht auf alle Schnelle herauszufinden, sucht sich diese Person einen Spruch aus, der ihm/ihr gut gefallen würde.
Der Reihe nach stellen alle Teilnehmer jetzt ihren Taufspruch vor. Nachdem er einmal vorgelesen wurde, überlegen die Teilnehmer: Was bedeutet der Taufspruch für mein Leben? Hat mir dieser Spruch schon einmal im Leben Trost und Zuversicht gegeben?

Lied

„Kleines Senfkorn Hoffnung“[31]

Textlesung

Eine Textlesung entfällt beim heutigen Tauferinnerungstag.
Wenn es ihre Zeit zulässt, steht es ihnen natürlich frei hier einen geeigneten Text einzufügen.

[31] Lied Nr. 90 aus Menschenskinderlieder, Menschenkinder Verlag, Münster

Kreativteil
Eltern, Paten und Kinder gestalten zusammen eine große Tischdecke. Legen Sie dazu das Leinenstück auf aneinandergestellte Tische oder auf den Fußboden.
Die Eltern wählen Taufsprüche aus, die ihnen besonders gut gefallen und schreiben diese auf das Tischtuch. Die Kinder ummalen ihre Hände mit einem Bleistift und malen die Umrisse dann mit einem Pinsel und der Stoffmalfarbe aus. Ein direktes Stempeln der Hände auf das Tuch ist mit der Stoffmalfarbe wahrscheinlich nicht möglich.

Pause
Die Kinder und Erwachsenen decken zusammen den Tisch für die Pause. Die vorbereiteten Getränke und Speisen werden gemeinsam verspeist.
Gemeinsames Tischgebet:
Herr, segne uns und diese Gaben,
die wir von dir empfangen haben!
Amen

Spiel/Kreativteil
Da diese Einheit viele theoretische Anteile hat, sollten die Kinder nach der Pause Gelegenheit bekommen im Freien zu spielen und sich etwas auszutoben.
Die Eltern und Paten gestalten in der Zwischenzeit den Taufspruch des Kindes (sollte dieser nicht erinnert werden, wird ein Ersatzspruch ausgesucht) auf einem besonderen Bild. Dazu schreiben die Eltern/Paten den Taufspruch auf den vorbereiteten hellbeigen Karton. Darum kann gerne auch noch etwas gemalt oder gezeichnet werden. Dann schneiden sie den blauen Rahmen aus und kleben ihn auf den Taufspruch. Zum Schluss wird auf der weißen Pappe ein Regenbogen gemalt, ausgeschnitten und auf eine Ecke des Rahmens geklebt.

Andacht
Die ganze Gruppe findet sich um das Taufbecken ein. Je nach Gruppengröße stellen sich alle im Kreis um das Becken oder nehmen im vorbereiteten Stuhlkreis Platz.

Lied
„Laß uns miteinander"[32]

Gebet
Großer Gott wir danken dir,
dass wir heute einen so schönen Tag miteinander erleben durften. Wir haben viele Taufsprüche gehört und viele deiner Zusagen an uns. Wir danken dir, dass du immer neue Worte findest, um uns an deine Liebe und Güte zu erinnern. Wir bitten dich, sei auch für die Menschen da, die dich vielleicht vergessen haben oder denen noch niemand von dir erzählt hat.
Amen

Lied
„Kind du bist uns anvertraut"[33]

Tauferinnerung:
In das Taufbecken wird das Wasser eingefüllt.

Glaubensbekenntnis (Apostolikum):

Wir taufen Kinder auf den Namen Gottes.
Wir vertrauen sie so der Liebe und der Herrschaft Gottes an
und nehmen sie in die christliche Kirche auf.
Dabei werden wir auch an unsere eigene Taufe erinnert. Unseren Glauben sprechen wir stellvertretend für die Kinder aus mit dem Bekenntnis des Glaubens, das in der Kirche seit alter Zeit überliefert wird.

Gemeinsam mit allen Erwachsenen beten wir:
Ich glaube an Gott, den Vater,
den Allmächtigen,
den Schöpfer des Himmels und der Erde.

[32] Lied Nr. 23 aus Menschenskinderlieder, Menschenkinder Verlag, Münster
[33] Lied Nr. 89 aus Menschenskinderlieder, Menschenkinder Verlag, Münster

Und an Jesus Christus,
seinen eingeborenen Sohn,
unsern Herrn,
empfangen durch den Heiligen Geist,
geboren von der Jungfrau Maria,
gelitten unter Pontius Pilatus,
gekreuzigt, gestorben und begraben,
hinabgestiegen in das Reich des Todes,
am dritten Tage auferstanden von den Toten,
aufgefahren in den Himmel;
er sitzt zur Rechten Gottes, des allmächtigen Vaters;
von dort wird er kommen, zu richten die Lebenden und die Toten.

Ich glaube an den Heiligen Geist,
die heilige christliche Kirche, Gemeinschaft der Heiligen, Vergebung der Sünden, Auferstehung der Toten
und das ewige Leben.

Die Kinder treten nun einzeln an das Taufbecken. In die geöffnete Handfläche wird ein Kreuz mit dem Taufwasser gezeichnet. Dazu werden die Worte gesprochen:
„Du bist getauft im Namen des Vaters, der immer bei uns ist und uns beschützt, im Namen Jesus Christus, der unser Freund ist und im Namen des Heiligen Geistes, der alle unsere Schritte leitet. Daran wollen wir dich erinnern!"
Anschließend bekommen die Kinder die Taufspruchbilder geschenkt.

Gemeinsam beten wir:
Vater unser im Himmel,
geheiligt werde dein Name.
Dein Reich komme.
Dein Wille geschehe,
wie im Himmel, so auf Erden.
Unser tägliches Brot gib uns heute.
Und vergib uns unsere Schuld,
wie auch wir vergeben unsern Schuldigern.
Und führe uns nicht in Versuchung,

sondern erlöse uns von dem Bösen.
Denn dein ist das Reich
und die Kraft und die Herrlichkeit
in Ewigkeit.
Amen

Segenslied
„Gott dein Guter Segen, ist wie ein großes Zelt"[34]

Bastelvorlagen

Namensschildchen

[34] Lied Nr. 220 aus „Das Kindergesangbuch", Claudius Verlag, München

Taufspruchbilderrahmen

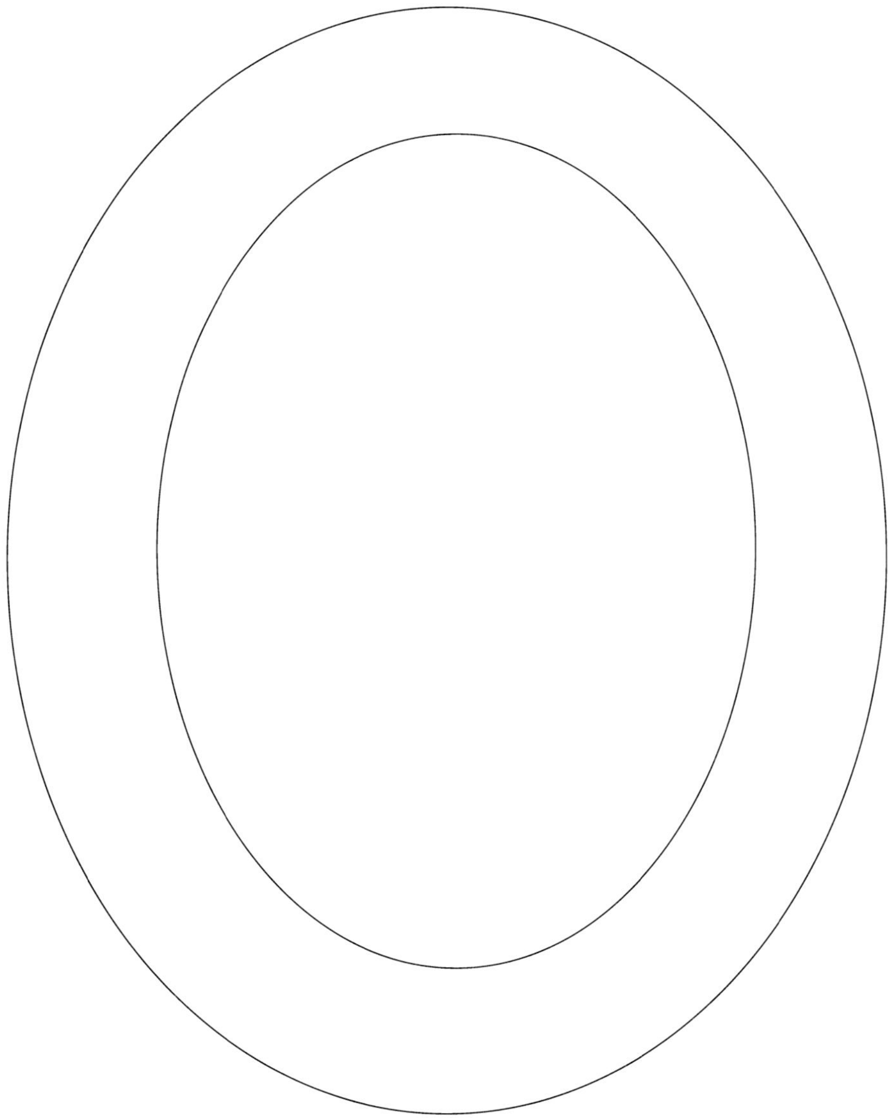

SYMBOL WASSER

Zusammenfassung des Themas

Das Wasser ist eines der wichtigsten Symbole im Zusammenhang mit der Taufe. Wir werden mit Wasser getauft. Heute wird in unserer lutherischen und katholischen Kirche nur noch ein kleines Wasserkreuz auf die Stirn des Täuflings gemacht, wohingegen die Menschen früher ganz im Wasser untergetaucht wurden. Bei dieser Ganzkörpertaufe wurde der Charakter der Reinigung noch deutlicher. Der Mensch geht ins Wasser, ein Element, das zwar Lebensnotwendig ist, aber auch tot bringend sein kann und taucht als gereinigter, geläuterter Mensch wieder auf. Das Wasser ist ein Symbol des Lebens, denn ohne Wasser kann nichts existieren. Auch ist das Wasser ein Symbol der Reinigung. Wir streifen das Alte ab und beginnen ein neues Leben.

Material
verschiedenfarbige Pappen, doppelseitiges Klebeband, Malerplane, Erde, Blumen in Töpfen (z. B. Primeln oder ähnliche), Zimmerbrunnen, grüne Tücher, Stempel mit Blumenmotiv (evtl. Kartoffelstempel und Fingerfarbe), Quelltöpfe (Torfballen/Torftöpfchen, die zusammengepresst gekauft werden und dann im Wasserbad zu einem kleinen Ballen aufquellen, gibt es in jedem Gartencenter), Tontöpfe, passend zu den Quelltöpfen mit passenden Untersetzern, Blumensamen nach Wahl, flache Wasserschalen, Tonmalstifte, 6 bis 7 Gießkannen, weißes Papier, Bürotacker, dünnes Band zum Aufhängen der Tropfen, Bodenvase mit Zweigen (für die Andacht), Getränke und Lebensmittel für die Pause. Es bietet sich alles an, was mit Wasser zu tun hat: Wassermelonen, Wassereis, Götterspeise, usw. Getränkesirup, Eiswürfelbeutel

Vorbereitung
Fertigen Sie sich aus der Bastelvorlage der Namensschildchen eine stabile Schablone. Schneiden Sie nun mit Hilfe der Schablone aus den bunten Pappen Namenschildchen aus. Achten Sie darauf, dass alle Mitglieder, also Eltern, Paten, Täuflinge und Geschwister, Namenschildchen in der gleichen Farbe haben und daran einander zuzuordnen sind. Schneiden Sie aus der gelben Pappe die Kreise für die Mittelteile der Blumen aus. Darauf schreiben Sie die Namen aller Teilnehmer. Auf der Rückseite der Schildchen wird ein Stückchen Doppelkleber befestigt. An diesem wird das Schildchen später an der Kleidung festgemacht.
Kopieren Sie die Bastelvorlagen für das Daumenkino auf weißes Papier. Jedes Kind benötigt einen kompletten Satz mit vier Zetteln. Bereiten Sie ein Daumenkino aber schon komplett vor, damit die Kinder sehen, was sie basteln sollen.
Bereiten Sie in dem Gruppenraum in unmittelbarer Nähe zum Stuhlkreis einen kleinen Altar vor. Darauf liegt ein Tischtuch, das ganz bis zum Boden reicht. Darunter verstecken Sie die Gießkannen. Vorher beschriften Sie jede Gießkannen mit einem Zettel, auf dem jeweils eines der folgenden Begriffe steht: Liebe, Beten, Gemeinschaft, Bibel, Gottesdienst, Vertrauen…
Fertigen Sie aus der Bastelvorlage des Wassertropfens eine feste Schablone. Zeichnen Sie nun viele Wassertropfen auf der blauen Pappe vor. Ausschneiden können die Eltern und Paten diese Tropfen auch selber.

Füllen Sie den Getränkesirup in Eiswürfelbeutel und frieren Sie diese mindestens einen Tag ein.
Im Gruppenraum wird ein Stuhlkreis aufgebaut, in dem alle Kinder und Erwachsenen Platz nehmen. Breiten Sie in der Mitte des Kreises die Malerplane auf und schütten Sie darauf einen Hügel Erde auf. Oben auf dem Erdhügel steht der Zimmerbrunnen in die Erde. Rundherum werden mehrere Primeln gepflanzt. Als äußere Begrenzung legen Sie einen Ring aus grünen Tüchern um den Erdhügel. Dies ist zwar ein relativ großer Aufwand, aber der Erinnerungseffekt (besonders bei den Erwachsenen) ist sicher enorm.

Begrüßung
...

Lied
„Komm herein“[35]

Gebet
Großer Gott,
wir danken dir, dass wir heute hier zusammenkommen dürfen und dein Wort hören. Wir wollen uns an unsere Taufe erinnern. Daran, dass wir unser Leben in deine Hände gegeben haben und du immer an unserer Seite sein willst. Wir sind in deiner Hand fest verwurzelt, wie die Blumen in der Erde. Deine Liebe ist das Wasser, das uns blühen lässt. Dein Schutz ist der Gartenzaun, der unsere Blüten vor Schaden bewahrt. Wir bitten dich, lass uns immer an der Quelle deiner Liebe sein. Lasse den Heiligen Geist über uns leuchten, wie die Sonne über den Blumen. Und hilf uns, andere Menschen mit unserem Blühen zu erfreuen.
Amen

Vorstellungsrunde
Alle Teilnehmer im Kreis stellen sich mit ihrem Namen vor und nennen ihre Lieblingsblume. Diese Blume sollte mit dem gleichen Buchstaben anfangen, wie der eigene Name.
„Mein Name ist Nina und meine Lieblingsblume ist eine Nelke!“

[35] Lied Nr. 96 aus „Das Kindergesangbuch“, Claudius Verlag, München

Spiel
Blümchen grüßt Blümchen!
Alle Teilnehmer im Kreis bekommen eine Nummer zugewiesen und einen Blumenstempel ins Gesicht oder auf einen Arm. Dann geht es los. Blümchen eins beginnt: „Blümchen eins mit einem Blümchen (bezogen auf den Stempelabdruck) ruft Blümchen (z. B. sieben) mit einem Blümchen (Stempelabdruck)!" Reagiert Blümchen sieben nicht unverzüglich, bekommt es noch einen Stempel aufgedrückt, macht aber trotzdem mit einer Nummer nach Wahl weiter. „Blümchen sieben mit zwei (es ist ja jetzt einer dazu gekommen!) Blümchen ruft Blümchen ..." Wichtig ist also, immer auf die richtige Zahl zu reagieren und immer die richtige Anzahl von Blümchenstempeln zu nennen. Jeder Fehler wird mit einem weiteren Stempelabdruck bestraft.

Lied
„Wir werden immer größer"[36]

Aktion
Wenn man Blumen pflanzen will, dann braucht man Wasser. Den Kindern wird das sicher auch klar sein. Sie wissen, dass man eine Blume gut gießen muss, wenn man sie gepflanzt hat. Sie wissen aber auch, dass man sie stetig weiter gießen muss. Ein einmaliger Wasserguss ist nicht genug, damit die Blume groß und kräftig wird.
Die Kinder bepflanzen in dieser Aktion eigene Blumentöpfe.
Die Kinder bemalen zunächst ihre Tontöpfe mit den Tonmalstiften. Dann legen sie die Quelltöpfe in die Wasserschalen und beobachten, wie aus diesem trockenen, unscheinbaren Torfklops ein Pflanzballen wird. Den fertig aufgequollenen Torfballen stecken die Kinder in ihre Tontöpfe und pflanzen ihre Blumensamen ein.
Die Eltern begleiten die Kinder bei diesen Aufgaben.

Lied
„Jedes Hälmchen wird zur Blume"[37]

[36] Lied Nr. 98 aus „Das Kindergesangbuch", Claudius Verlag, München
[37] Lied Nr. 88 aus „Das Kindergesangbuch", Claudius Verlag, München

Textlesung

Zwei Personen unterhalten sich:
Vater oder Mutter mit einem Kinderwagen/Puppenwagen und einer Puppe.
Gärtner oder Gärtnerin, die an dem Blumenhügel in der Mitte des Stuhlkreises arbeitet.

1.: *(kommt in den Raum gefahren)*
2.: *(pflanzt Blumen ein)*
2.: „Hallo.......! Ich gratuliere dir auch noch! Dein Baby hatte doch am Sonntag Taufe!
1.: „Hallo! Ja, das stimmt! Es war ein schöner Tag."
2.: „Hat euch euer Gottesdienst gut gefallen?"
1.: „Klar, der war nicht schlecht. Anschließend waren wir mit der ganzen Familie und allen unseren Freunden Essen. Zu Hause haben wir dann Kaffee getrunken und Kuchen gegessen."
2.: „Das klingt ja alles lecker! Aber dann wart ihr ja auch ganz schön viele Leute!"
1.: „Klar, das sollte sich ja auch lohnen. Wir hatten für die Kinder einen Zauberer bestellt und eine Hüpfburg. Die Erwachsenen haben kleine Geschenke bekommen und abends hat ein Alleinunterhalter Musik gemacht!"
2.: „Es geht mich ja nichts an, aber war das nicht alles ein bisschen übertrieben? Das war ja mehr als bei einer Hochzeit!"
1.: „Das stimmt, aber so eine Taufe ist ja eine einmalige Sache und soll doch für ein Leben halten! Schließlich sollen sich alle noch lange daran erinnern."
2.: „Wie meinst du das, ein Leben lang halten?"
1.: „Na ja, einen Geburtstag zum Beispiel, den feiert man jedes Jahr wieder, aber eine Taufe macht man nur einmal!"
2.: „Wieso das denn? Wir begehen den Tauftag unserer Kinder auch immer ganz bewusst! Wir zünden die Taufkerze noch einmal an, singen ein Lied zusammen, es gibt das Lieblingsessen des Taufkindes und wir lesen den Taufspruch noch einmal zusammen vor! Und wenn die Paten Zeit haben sind die zum Essen mit eingeladen!"
1.: „Ok, ihr erinnert an den Tag, aber ihr tauft das Kind doch nicht noch einmal mit Wasser, oder?"

2.: „Nein, das machen wir nicht, aber langsam verstehe ich, was du eigentlich meinst. Du denkst: Je mehr ich aus dem Taufereignis mache desto länger hält der Bund mit Gott!“

1.: „Nun ja, irgendwie sowas.“

2.: „Sieh mal, das mit der Taufe und dem Bund mit Gott, ist in etwa so, wie das Pflegen einer Blume.“ *(Nimmt einen Blumentopf und stellt ihn in eine große Schale.)*

1.: „Wieso Blume? Das verstehe ich nicht!“

2.: „Wenn du so eine Blume pflanzt, dann braucht sie auch Wasser, ist klar, oder?“

1.: „Klar!“

2.: „Was du machst, wenn du die Blume mit deiner Taufe vergleichst, ist das: …“ *(Nimmt die Kanne und gießt literweise Wasser auf die Blume, bis sie in einem riesigen See steht!)*

1.: *(Sieht verwundert zu.)*

2.: „Was meinst du, wie lange lebt diese Blume? Wasser hat sie ja jetzt genug, für den Rest ihres Lebens!“

1.: „Na ja, ich denke nicht lange. Wenn sie nicht sofort verfault, weil sie völlig abgesoffen ist, dann wird sie irgendwann das Wasser aufgebraucht haben und dann vertrocknen!“

2.: „Genau, also gebe ich ihr besser nur etwas Wasser, aber dafür immer wieder mal!“ *(Nimmt die Blume aus dem Fußbad und stellt sie in einen trockenen Topf.)*

1.: „Stimmt, das wäre besser! Aber was heißt das für unsere Taufe? Sollen wir unser Baby jetzt jedes Jahr neu Taufen lassen?“

2.: „Nein, natürlich nicht! Die Taufe als solche, ist eine einmalige Sache. Aber wie bei der Blume müsst ihr den Bund mit Gott auch stetig gießen.“

1.: „Aber mit was denn, wenn nicht mit Wasser aus dem Taufbecken?

2.: „Es gibt viele Gießkannen in Gottes Garten, aus denen ihr euer Kind begießen könnt, komm mal mit!“ *(Die beiden gehen zu dem vorbereiteten Altar.)*

„Damit musst du dein Kind zwischendurch immer gießen!“ *(Holt die erste Kanne hervor.)*

1.: „Ach so, jetzt verstehe ich worauf du hinauswillst! Hast du da noch mehr solche Kannen?“

2.: „Klar, ganz wichtig ist auch …“ *(Holt die nächste Kanne heraus.)*

(So wird weiter verfahren, bis alle Kannen unter dem Altar herausgeholt wurden.)

1.: „Jetzt verstehe ich, was du meinst. Ich muss meinem Kind immer wieder von dem Leben mit Gott erzählen und ihm ein gutes Beispiel sein, bis es selber alt genug ist, alles von selber zu verstehen!"

2.: „Richtig! Eine riesige Party zur Taufe ist vielleicht ganz nett, aber es kommt darauf an, dass du deinem Kind immer, auch im Alltag des Lebens, die Verbindung zu Gott deutlich machst!"

1.: „Das ist aber auch eine schwere Aufgabe! Was ist, wenn ich das nicht schaffe?"

2.: „Das wirst du schaffen, denn Gott ist auch bei dir! Außerdem hast du ja auch noch die Paten deines Kindes. Die haben mit ihrem Patenamt versprochen, dem Taufkind immer zur Seite zu stehen und mit ihm über Gott zu sprechen!"

1.: „Man, das ist echt super, dass ich dich getroffen habe und du mir das alles so super erklären konntest! Jetzt weiß ich endlich, wie ich es am besten machen kann, die Sache mit der Taufe und dem Bund zu Gott!"

2.: „Kein Problem, ich helfe doch gerne!"

Kreativteil

Die Kinder basteln ein Daumenkino, das das Wachsen der Blume als kleinen Film darstellt. Dazu schneiden sie die kopierten Bastelvorlagen aus und stapeln sie in der richtigen Reihenfolge aufeinander. Das Zusammentackern sollte aber ein Erwachsener übernehmen.

Ob die Kinder die einzelnen Bilder auch noch anmalen sollen, liegt ihn Ihrem Zeitermessen.

Die Eltern und Paten formulieren in der Zwischenzeit Gebetstropfen mit Wünschen für die Täuflinge. Dazu überlegen sie sich, was sie den Kindern als Tropfen aus „Gottes Gießkanne" mit auf den Weg geben wollen. Dazu formulieren sie ganze Sätze und schreiben sie auf die vorbereiteten Wassertropfen. Diese werden dann fertig ausgeschnitten und mit Bändern zum Aufhängen versehen.

Pause

Die vorbereiteten Lebensmittel und Getränke werden gemeinsam verzehrt.

Die Kinder bekommen jeweils ein Glas Wasser und dürfen sich aus den ge-

frorenen Sirupkugeln eine aussuchen und in ihrem Wasser auflösen. Das ist spannend zu beobachten.
Gemeinsam wollen wir das Essen aber mit einem Lied beginnen:

Lied
„Wir sind eingeladen“[38]

Spiel
Wenn das Wetter es zulässt und Ihre Zeitplanung noch etwas Raum bietet, sollten die Kinder nach der Pause etwas im Freien toben dürfen. Hier bieten sich alle Spiele an, die mit Wasser zu tun haben. Einige Beispiele:
Zielwerfen mit nassen Schwämmen
Eine Eimerkette, bei der zwei Mannschaften gegeneinander Wasser von A nach B transportieren müssen.
Ein Planschbecken voll Wasser, in dem Quitscheentchen mit einem Kescher geangelt werden müssen.
....

Andacht
Die ganze Gruppe findet sich um das Taufbecken ein. Je nach Gruppengröße stellen sich alle im Kreis um das Becken oder nehmen im vorbereiteten Stuhlkreis Platz.

Lied
„Ins Wasser fällt ein Stein“[39]

Gebet
Die Eltern und Paten lesen ihre Gebete vor und hängen die Tropfen anschließend an den vorbereiteten Strauch in der Bodenvase.

Lied
„Alle Knospen springen auf“[40]

[38] Lied Nr. 205 aus „Das Kindergesangbuch“, Claudius Verlag, München
[39] Lied Nr. 151 aus „Das Kindergesangbuch“, Claudius Verlag, München
[40] Lied Nr. 78 aus „Das Kindergesangbuch“, Claudius Verlag, München

Tauferinnerung
In das Taufbecken wird das Wasser eingefüllt.

Glaubensbekenntnis (Apostolikum):

Wir taufen Kinder auf den Namen Gottes.
Wir vertrauen sie so der Liebe und der Herrschaft Gottes an
und nehmen sie in die christliche Kirche auf.
Dabei werden wir auch an unsere eigene Taufe erinnert. Unseren Glauben sprechen wir stellvertretend für die Kinder aus mit dem Bekenntnis des Glaubens, das in der Kirche seit alter Zeit überliefert wird.

Gemeinsam mit allen Erwachsenen beten wir:
Ich glaube an Gott, den Vater,
den Allmächtigen,
den Schöpfer des Himmels und der Erde.

Und an Jesus Christus,
seinen eingeborenen Sohn,
unsern Herrn,
empfangen durch den Heiligen Geist,
geboren von der Jungfrau Maria,
gelitten unter Pontius Pilatus,
gekreuzigt, gestorben und begraben,
hinabgestiegen in das Reich des Todes,
am dritten Tage auferstanden von den Toten,
aufgefahren in den Himmel;
er sitzt zur Rechten Gottes, des allmächtigen Vaters;
von dort wird er kommen, zu richten die Lebenden und die Toten.

Ich glaube an den Heiligen Geist,
die heilige christliche Kirche, Gemeinschaft der Heiligen, Vergebung der Sünden, Auferstehung der Toten
und das ewige Leben.

Die Kinder treten nun einzeln an das Taufbecken. In die geöffnete Handfläche wird ein Kreuz mit dem Taufwasser gezeichnet. Dazu werden die Worte gesprochen:
„Du bist getauft im Namen des Vaters, der immer bei uns ist und uns beschützt, im Namen Jesus Christus, der unser Freund ist und im Namen des Heiligen Geistes, der alle unsere Schritte leitet. Daran wollen wir dich erinnern!"

Gemeinsam beten wir:
Vater unser im Himmel,
geheiligt werde dein Name.
Dein Reich komme.
Dein Wille geschehe,
wie im Himmel, so auf Erden.
Unser tägliches Brot gib uns heute.
Und vergib uns unsere Schuld,
wie auch wir vergeben unsern Schuldigern.
Und führe uns nicht in Versuchung,
sondern erlöse uns von dem Bösen.
Denn dein ist das Reich
und die Kraft und die Herrlichkeit
in Ewigkeit.
Amen

Segenslied
„Bewahre uns Gott"[41]

Bastelvorlagen

Daumenkino

[41] Lied Nr. 213 aus „Das Kindergesangbuch", Claudius Verlag, München

1
2
3
4
5
6
7
8
9
10
11
12

13
14
15
16
17
18
19
20
21
22
23
24

Namensschildchen

LASST DIE KINDER ZU MIR KOMMEN

Zusammenfassung des Themas

Wenn wir in unseren heutigen Gemeinden an eine Taufe denken, dann denken wir an kleine Kinder oder Säuglinge. Diese kleinen Menschen werden vom ersten Moment an in unseren Gemeinden willkommen geheißen. Kleinkindertaufen sind absolut üblich. Das war nicht immer so. Jesus selber war ein erwachsener Mann, als er von Johannes getauft wurde. Auch die Menschen, die später von Jesus getauft wurden, waren Erwachsene. Kinder spielten in dem kirchlichen Leben der damaligen Zeit keine Rolle. Glaube und Spiritualität waren Sache der Erwachsenen. Dennoch hat Jesus die Kinder nicht aus den Augen verloren. Im Markusevangelium 10,13-16 wird eine Begegnung geschildert, in der Jesus zu einer größeren Menge Menschen spricht. Während er redet kommen Frauen mit ihren Kindern und wollen sich zu der Gruppe um Jesus stellen, doch die Männer versuchen sie wieder wegzuschicken. Die Kinder werden als störend empfunden und sollen Jesus nicht belästigen. Jesus selber reagiert aber ganz anders, als er von dem Geschehen am Rande der Gruppe Notiz nimmt. Er fordert nicht nur die Kinder auf dichter zu ihm zu kommen und beschäftigt sich aktiv mit ihnen, er belehrt auch die Erwachsenen, indem er sagt: „Wer nicht wird wie die Kinder, wird den Himmel nie erreichen!“. Er führt seine Rede weiter und Erwachsene und Kinder lauschen gemeinsam.

Material
verschiedenfarbige Pappreste, doppelseitiges Klebeband, Wäscheklammern, Stifte, Dokumentenpapier, zwei Holzstäbe, ca. 30 cm lang, vier Holzkugeln mit Loch, die auf die Holzstäbe passen, buntes Papier, Klebefilmrollen, Scheren, mehrere Tacker, Lebensmittel und Getränke für die Pause

Vorbereitung
Im Gruppenraum wird ein Stuhlkreis aufgebaut, in dem alle Kinder und Erwachsenen Platz nehmen.
Schneiden Sie aus den bunten Pappen Namensschildchen aus. Kopieren Sie dafür die Bastelvorlage für die Jungs- und Mädchenschildchen auf die Pappe und schneiden sie aus. Jeder/Jede bekommt ein Namensschild mit seinem/ihrem Namen, das er/sie mit dem doppelseitigen Klebeband an der Kleidung befestigen kann.
Kopieren Sie diese Vorlagen für den Kreativteil in einem größeren Format auf eine feste Pappe, die die Kinder als Schablone für den Kreativteil benutzen können. Die Vorlage sollte ca. 15 Zentimeter hoch sein.
Kopieren Sie die beiden Vorlagen „Ich bin groß …“ und „Ich bin klein …“ auf die bunten Pappen und schneiden Sie so viele aus, dass jeder teilnehmende Erwachsene und jedes teilnehmende Kind je eine Figur in groß und eine in klein bekommt.

Begrüßung
…

Lied
„Ein Kind ist angekommen“[42]

Gebet
Guter Gott, du unser Vater. Wir alle dürfen deine Kinder sein und wir alle sind von dir geliebt. Wir sind dir wichtig, egal wie alt, oder jung wir sind. Egal wie groß oder klein. Wir sind alle ein Teil deiner Welt und dieser Gemeinde. Auch heute treffen hier viele verschiednen Menschen aufeinander. Junge Menschen und ältere, Kinder, Verwandte und Freunde, Bekannte und Fremde. Wir bitten dich, gib uns heute eine schöne gemeinsame Zeit. Wir wollen gemeinsam dein Wort hören und uns gemeinsam an den Tag erinnern, an dem wir in diese Gemeinschaft aufgenommen wurden, an den Tag unserer Taufe. Amen

Vorstellungsrunde
Jede Person der Gruppe stellt sich vor, indem sie ihren Namen nennt und einige Dinge über sich erzählt. Aber: Die Zeit, die diese Person zur Verfügung hat, wird von der nächsten Person in dem Stuhlkreis bestimmt und das geht so: Während die erste Person sich vorstellt, drückt die nächste Person im Kreis mit dem Daumen und dem Zeigefinger eine Wäscheklammer auf und hält sie gut sichtbar am ausgestreckten Arm vor sich. Die Redezeit gilt nur solange die Wäscheklammer auf ist. Kann die Person, die die Wäscheklammer aufdrücken soll, diese nicht mehr halten, ist die Zeit um und die Klammer wird weitergegeben. Jetzt stellt sich die nächste Person vor.

Lied
„Wir werden immer größer“[43]

Spiel
Wer hat Jesus gesehen?
Ein beliebiger Spieler beginnt das Spiel mit dem Satz: „Ich habe Jesus gesehen, aber Markus hat ihn nicht gesehen!“ (Das setzt aber voraus, dass sich ein Markus im Kreis befindet.) Markus reagiert, indem er sagt: „Doch, ich habe ihn gesehen, aber Julia, hat ihn nicht gesehen!“ Julia sagt: „Doch ich habe ihn gesehen, aber … nicht!“

[42] Lied Nr. 43 aus Menschenskinderlieder, Menschenkinder Verlag, Münster
[43] Lied Nr. 98 aus „Das Kindergesangbuch“, Claudius Verlag, München

Aktion

Jedes Kind und jeder Erwachsene bekommt eine Pappfigur „Ich bin groß …" und „Ich bin klein …" Jeder überlegt für sich, worin bin ich groß, was kann ich gut und schreibt diese Eigenschaft auf das große Männchen. Genauso überlegt jeder, worin bin ich klein, was kann ich nicht gut. Kinder, die noch nicht schreiben können, können auch die entsprechende Eigenschaft aufmalen. Anschließend tauschen sich alle im Stuhlkreis aus. Sollte die Gruppe zu groß sein, kann der Austausch auch in Kleingruppen stattfinden.

Lied

„Wir sind die Kleinen"[44]

Textlesung

Der Haupttext dieses Tauffestes steht im Markusevangelium 10,13-16.
Um die Geschichte noch etwas interessanter rüberzubringen, ist sie heute in einen Brief „verpackt", den Jesus an seinen Vetter Johannes geschrieben haben könnte.
Kleben Sie das Dokumentenpapier zwischen die beiden Holzstäbe. Der Text des Briefes wird als Kopie auf das Papier geklebt. Die vier Holzkugeln werden an den Holzstäben befestigt. Fertig ist eine Schriftrolle, die in die Zeit Jesu passt.

Der Text:
Lieber Vetter Johannes!
Ich hoffe, es geht dir und deinen Lieben gut. Ich bin schon wieder mit meinen Jüngern unterwegs im ganzen Land. Darum kann ich dich heute auch leider nicht persönlich besuchen. Wir erleben jeden Tag die spannendsten Sachen. Wir sind viel zu Fuß unterwegs. Manchmal nehmen wir uns aber auch ein Boot, um auf dem See zu rudern. Dabei sind wir neulich in einen schweren Sturm geraten. Einige meiner Jünger haben dabei ziemliche Angst bekommen. Sie haben wohl immer noch nicht begriffen, dass sie keine Angst zu haben brauchen, wenn sie an Gott glauben und ich bei ihnen bin.

[44] Lied Nr. 77 aus „Das Kindergesangbuch", Claudius Verlag, München

Na ja, das ist wohl eine andere Geschichte. Ich möchte dir aber gerne von einem Erlebnis berichten, dass ich gestern hatte. Ich war mit meinen Jüngern unterwegs, als wir von mehreren Gelehrten umringt wurden. Sie hatten viele Fragen an mich. Sie wollten wissen, was sie machen müssen, um in den Himmel zu kommen, wie sie beten sollen und wie sie ein gottgefälliges Leben führen können. Ich habe versucht es ihnen zu erklären, aber das war gar nicht so einfach! Ich sage es dir, diese Gelehrten haben mir gar nicht zugehört. Sie waren so versessen darauf alles richtig zu machen, dass sie gar nicht gehört haben, was ich ihnen gesagt habe. Sie haben miteinander diskutiert und sich gestritten. Plötzlich bemerkte ich, dass am Rande der Gruppe noch ein anderer Tumult ausgebrochen war. Meine Jünger redeten auf einige Frauen ein, die mit ihren Kindern zu mir kommen wollten. Die Jünger versuchten sie zu verscheuchen und sagten ihnen, dass sie mich stören würden. Da wurde ich dann aber wirklich sauer! Dass diese Gelehrten um mich herum mich nicht verstehen wollten, war schon ärgerlich genug, aber dass anscheinend selbst meine Jünger immer noch nicht begriffen hatten, worum es eigentlich geht, das machte mich echt traurig. Ich ließ die Gelehrten stehen und trat zu den Frauen mit ihren Kindern und meinen Jüngern. Ich bat die Frauen und Kinder doch noch etwas näher zu kommen und zu meinen Jünger sagte ich: ‚Warum wollt ihr diese Frauen und Kinder wegschicken? Lasst die Kinder zu mir kommen, denn ihrer ist das Himmelsreich! Sie sind die, die wirklich glauben können! Wer nicht an Gott glauben kann, wie ein Kind, der wird ihn niemals sehen.' Da haben mich meine Jünger ganz schön erstaunt angesehen. Ich habe ihnen den Arm um die Schultern gelegt und gefragt: ‚Warum glaubt ihr, dass diese Kinder mich stören würden? Wir sind doch alle Kinder Gottes, egal wie alt wir sind. Wenn ich diesen Kindern von Gott erzähle, dann werden sie es sicher besser verstehen, wie alle diese Gelehrten hier zusammen! Ihre Herzen sind noch rein und unverdorben. Sie glauben noch aus ganzem Herzen und stellen nicht jedes Wort, das ich sage, erst einmal in Frage!' Da sahen mich meine Jünger an und ich sah in ihren Augen, dass sie mich jetzt verstanden. Die Kinder sind Gott besonders wichtig. Er hält seine schützende Hand über sie. Und das gilt nicht nur für die Kinder, die da gestern bei mir waren, sondern das gilt für alle Kinder dieser Welt.
Es ist doch so, wir Erwachsenen sind vielleicht älter als die Kinder, aber sind wir in allem besser? Es gibt soviel, indem wir Erwachsenen groß sind, aber auch so viel, in dem wird ganz klein sind. Genauso geht es doch den Kin-

dern auch! Es gibt vieles, was sie noch nicht können, indem sie noch sehr klein sind. Aber es gibt so unendlich viel, indem sie riesengroß sind!
Ach, Vetter Johannes, wenn das doch endlich alle Menschen verstehen würden. Wer nicht an Gott glaubt, so, wie ein Kind es tut, mit reinem Herzen und ganzer Seele, der wird nie zu Gott finden. Du triffst doch auch immer so viele Menschen, vielleicht kannst du mir ja helfen den Menschen das klarzumachen.
Wir sollen die Kinder taufen wenn sie ganz klein sind und sie in unsere Gemeinschaft aufnehmen. Denn ihre Herzen sind größer als die von uns Erwachsenen. Sie nehmen Gottes Wort offen in sich auf.
Ich werde jetzt wieder weiterziehen. Ich hoffe, wir sehen uns bald einmal wieder.
Bis dahin übersende ich dir die besten Wünsche,
dein Jesus

Sie können die entsprechende Textstelle natürlich auch noch zusätzlich aus einer Kinderbibel vorlesen.

Lied
„Gott hat alle Kinder lieb!“[45]

Kreativteil
Für die Kinder:
Die Kinder kleben mehrere Blätter buntes Papier mit Klebefilm aneinander. Dann falten die Kinder den Papierstreifen zu einer Ziehharmonika zusammen, die die exakte Breite der Bastelvorlage des Männchens hat. Das Männchen wird auf die Vorderseite der Ziehharmonika übertragen. Die Seiten und Ecke der Ziehharmonika werden an mehreren Stellen mit dem Tacker zusammengetackert. Dann schneiden die Kinder die Vorlage aus. Weisen Sie aber bitte unbedingt öfters darauf hin, dass die „Hände“ an den Knickstellen nicht ausgeschnitten werden dürfen, da dann keine Kette mehr besteht.

[45] Lied Nr. 20 aus Menschenskinderlieder, Menschenkinder Verlag, Münster

Für die Erwachsenen:
Die Eltern und Paten malen ein Bild von dem Taufkind. In das gemalte Kind schreiben sie Eigenschaften, in denen das Kind gut ist, was es alles gut kann. Dazu zählen nicht nur „handfeste" Eigenschaften, wie z. B. Fußballspielen. Ein Kind kann auch gut sein im Zuhören, im Verstehen, im Glücklichsein…

Pause
Die Eltern und Kinder bereiten zusammen den Tisch für die Pause vor.
Als Tischgebet wird folgendes Lied gesungen:

Lied
„Alle guten Gaben"[46]

Andacht
Die ganze Gruppe findet sich um das Taufbecken ein. Je nach Gruppengröße stellen sich alle im Kreis um das Becken oder nehmen im vorbereiteten Stuhlkreis Platz.

Lied
„Alle Kinder dieser Erde"[47]

Gebet
Lieber Gott, wir danken dir, dass du uns alle liebst. Egal, wie groß wir sind oder wie klein. Egal wie alt wir sind oder wie jung. Vom ersten Tag unseres Lebens an, hältst du deine schützende Hand über uns. Wir können mit dir reden, so wie uns der Schnabel gewachsen ist und über alles, was uns bewegt.
Mit unserer Taufe sind wir ein Teil deiner Gemeinschaft geworden. Dafür wollen wir dir jeden Tag danken.
Wir müssen nicht erst erwachsen werden, damit du uns zuhörst. Wir müssen keine Prüfung ablegen, damit wir zu deiner Gemeinschaft gehören dürfen. Wir werden von dir geliebt, weil wir so sind, wie wir sind und das von Anfang an.
Amen

[46] Lied Nr. 140 aus „Das Kindergesangbuch", Claudius Verlag, München
[47] Lied Nr. 126 aus „Das Kindergesangbuch", Claudius Verlag, München

Lied
„Wir sind die Kleinen“[48]

Tauferinnerung:
In das Taufbecken wird das Wasser eingefüllt.

Glaubensbekenntnis (Apostolikum):

Wir taufen Kinder auf den Namen Gottes.
Wir vertrauen sie so der Liebe und der Herrschaft Gottes an
und nehmen sie in die christliche Kirche auf.
Dabei werden wir auch an unsere eigene Taufe erinnert. Unseren Glauben sprechen wir stellvertretend für die Kinder aus mit dem Bekenntnis des Glaubens, das in der Kirche seit alter Zeit überliefert wird.

Gemeinsam mit allen Erwachsenen beten wir:
Ich glaube an Gott, den Vater,
den Allmächtigen,
den Schöpfer des Himmels und der Erde.

Und an Jesus Christus,
seinen eingeborenen Sohn,
unsern Herrn,
empfangen durch den Heiligen Geist,
geboren von der Jungfrau Maria,
gelitten unter Pontius Pilatus,
gekreuzigt, gestorben und begraben,
hinabgestiegen in das Reich des Todes,
am dritten Tage auferstanden von den Toten,
aufgefahren in den Himmel;
er sitzt zur Rechten Gottes, des allmächtigen Vaters;
von dort wird er kommen, zu richten die Lebenden und die Toten.

[48] Lied Nr. 77 aus „Das Kindergesangbuch“, Claudius Verlag, München

Ich glaube an den Heiligen Geist,
die heilige christliche Kirche, Gemeinschaft der Heiligen, Vergebung der Sünden, Auferstehung der Toten
und das ewige Leben.

Überleitung
„Alle Kinder sind in Gottes Augen wichtig. Alle haben ihre Gaben und ihre Fähigkeiten. Auch ihr könnt so viele Dinge und seid in vielen Bereichen so groß. Eure Eltern haben vorhin aufgeschrieben, was ihr alles für Fähigkeiten habt, in denen ihr den Erwachsenen in nichts nachsteht."
Die Eltern stellen ihre Bilder vor, lesen die Fähigkeiten, in denen ihr Kind groß ist, vor und überreichen die Bilder den Kindern.

Die Kinder treten nun einzeln an das Taufbecken. In die geöffnete Handfläche wird ein Kreuz mit dem Taufwasser gezeichnet. Dazu werden die Worte gesprochen:
„Du bist getauft im Namen des Vaters, der immer bei uns ist und uns beschützt, im Namen Jesus Christus, der unser Freund ist und im Namen des Heiligen Geistes, der alle unsere Schritte leitet. Daran wollen wir dich erinnern!"

Gemeinsam beten wir:
Vater unser im Himmel,
geheiligt werde dein Name.
Dein Reich komme.
Dein Wille geschehe,
wie im Himmel, so auf Erden.
Unser tägliches Brot gib uns heute.
Und vergib uns unsere Schuld,
wie auch wir vergeben unsern Schuldigern.
Und führe uns nicht in Versuchung,
sondern erlöse uns von dem Bösen.
Denn dein ist das Reich
und die Kraft und die Herrlichkeit
in Ewigkeit.
Amen

Segenslied
„Viele kleine Leute"[49]

Bastelvorlagen

Namensschildchen

Für die Aktion

[49] Lied Nr. 215 aus „Das Kindergesangbuch", Claudius Verlag, München

TAUFSYMBOLE

Zusammenfassung des Themas

Das charakteristischste Symbol unseres christlichen Glaubens ist das Kreuz. Selbst Menschen, die eine persönliche Beziehung zu unserer Kirche bereits verloren haben, bringen das Kreuz mit Gott und Jesus in Verbindung. Darüber hinaus gibt es aber noch viele andere Symbole, wie z. B. die Welle, den Anker, den Fisch und noch andere. In einer Kirche oder Kapelle sind diese Symbole zu finden, aber auch auf Gebrauchsgegenständen, wie z. B. dem Abendmahlskelch und dem Taufbecken. Zur Taufe bekommen alle Kinder eine Taufkerze, die auch ein Symbol ist, geschenkt. Auf dieser sind weitere Symbole abgebildet, ohne dass die Kinder sie gleich erkennen. Doch auch die meisten Erwachsenen kennen nicht alle Symbole und ihre Bedeutungen, daher soll in diesem Tauferinnerungsfest ein genauer Blick auf die Symbole unseres Glaubens geworfen werden.

Material
verschiedenfarbige Pappen, doppelseitiges Klebeband, möglichst große Bibel (vielleicht auch Studienbibel mit Auslegungen), dicke weiße Stumpenkerzen, Verzierwachs (in manchen Bastelgeschäften gibt es auch fertige Verzierwachsplättchen mit christlichen Motiven), Kartoffelschälmesser, mit Gas gefüllte Luftballons, weißes, dickes Papier

Vorbereitung
Im Gruppenraum wird ein Stuhlkreis aufgebaut, in dem alle Kinder und Erwachsenen Platz nehmen.
Kopieren Sie die Namensschildchen mit den verschiedenen Symbolen auf die bunten Pappen. Achten Sie darauf, dass alle Symbolschildchen als Pärchen vorhanden sind (zwei gelbe Kreuze, zwei blaue Fische, zwei grüne Fische...). Auf die Schildchen schreiben Sie die Namen aller Kinder, Eltern und Paten. Die Schildchen werden vor Beginn des Tauffestes überreicht und mit doppelseitigem Klebeband an der Kleidung befestigt. Jedoch auf dem Rücken! Kopieren Sie die Piktogramme/Symbole aus dem Bastelanhang in etwa Postkartengröße auf weiße Pappen und schneiden sie diese einzeln aus. Kopieren Sie einige Bildchen gegebenenfalls doppelt, denn es sollten so viele werden, dass in der ersten Aktionsphase alle Teilnehmer eine Karte nehmen können.
Kopieren Sie jedes Symbol der Namensschildchen zu einem „Bibelheft" zusammen. Kopieren Sie dafür die einzelnen Symbole einzeln auf ein DIN-A5 Papier und heften Sie diese wie ein Buch zusammen. Diese Symbolbibel wird für den Textteil benötigt.
Größere Mengen an Luftballons, die fliegengelassen werden, müssen offiziell angemeldet werden, da ein in der nähe liegender Flughafen behindert werden könnte oder ein Naturschutzgebiet überflogen werden könnte. Schneiden Sie aus dem dicken, weißen Papier Postkarten in DIN-A5 Größe.

Begrüßung
...

Lied
„Wo zwei oder drei“[50]

Gebet
Lieber Gott, wir danken dir, dass wir heute hier in deinem Namen zusammen sein dürfen. Wir bitten dich, sei du mit deinem Geist in unserer Mitte und schenke uns einen schönen Tag. Wir alle sind deine Kinder und gehören zu deiner großen Familie. Wir wollen uns heute an unseren Tauftag erinnern, der nun schon einige Zeit her ist. Wir haben vielleicht schon einiges vergessen, von dem was wir da erlebt haben, aber du vergisst nie. Du hältst deine Hand über uns und passt auf uns auf. Wir danken dir dafür.
Amen

Spiel
Alle Spieler bewegen sich frei im Raum. Alle haben sich noch einmal ihr Namensschild angesehen und merken sich das Symbol, welches darauf zu sehen ist. Nun haben sie die Aufgabe die Person mit dem identischen Schild zu finden. Gleichzeitig müssen sie aber möglichst versuchen, sich so zu bewegen, dass ihr eigenes Schild von niemandem erkannt wird. Hat sich ein Pärchen gefunden, setzen sie sich nebeneinander in den Stuhlkreis.

Lied
„Kleines Senfkorn Hoffnung“[51]

Vorstellungsrunde
Die erste Person im Kreis bekommt eine Streichholzschachtel auf die Nase gesetzt. Nun soll sie sich vorstellen (alles mit der Streichholzschachtel auf der Nase). Ist sie fertig, gibt sie die Schachtel, ohne Mithilfe der Hände, auf die Nase des rechten Nachbarn weiter. Jetzt stellt sich der Nachbar vor.

Lied
„Die Kerze brennt“[52]

[50] Lied Nr. 182 aus „Das Kindergesangbuch“, Claudius Verlag, München
[51] Lied Nr. 90 aus Menschenskinderlieder, Menschenkinder Verlag, Münster
[52] Lied Nr. 28 aus „Das Kindergesangbuch“, Claudius Verlag, München

Aktion

Im alltäglichen Leben finden wir eine Vielzahl von Symbolen und Zeichen, die uns den Weg weisen, vor Gefahren warnen und uns helfen uns zurecht zu finden. Einige dieser Symbole werden auf den vorbereiteten Kärtchen in die Mitte gelegt.
Der Reihe nach nimmt sich jeder Teilnehmer ein Kärtchen aus der Mitte und versucht zu erklären, was das Symbol sagen soll.

Lied

„Gottes Liebe ist so wunderbar"[53]

Textlesung

Dialog zwischen zwei Personen. Person I (PI) hat eine riesige Bibel im Arm, dazu noch verschiedene Blöcke und Hefte. Person II (PII) hat das gebastelte Buch mit den Symbolen zusammengefaltet in der Hosentasche.

PI: Hallo…, schön dich zu sehn!
PII: Hallo…, was schleppst du denn da mit dir rum?
PI: Ich habe hier meine Bibel dabei. Da steht alles, was in Sachen Gott und Glauben wichtig ist ganz genau drin. Und damit ich auch nichts vergesse, habe ich mir die wichtigsten Abschnitte auch noch einmal in dieses Heft hier geschrieben.
PII: Das sieht aber mächtig schwer aus …
PI: Aber es ist sehr wichtig, dass man alles ganz genau weiß und sich alles ganz genau aufschreibt. Möchtest du nicht wissen, was Gott für uns Menschen getan hat, und dass er uns immer beschützt?
PII: Das weiß ich ja auch alles. Ich habe hier auch meine Bibel dabei. *(holt das Heft aus der Hosentasche)*
PI: *(lacht)* Was soll das denn sein? Die Bibel als Pixibuch?
PII: Nein, *(blättert in dem Heft herum)* viel besser! Hier steht wirklich das Wichtigste drin, was ich über Gott und unseren Glauben wissen muss!
PI: Das ist ja ein Bilderbuch!
PII: Nein, nicht ganz. Das sind Symbole! Sie zeigen uns in einem kleinen und einfachen Bild, was wir wissen müssen!

[53] Lied Nr. 146 aus „Das Kindergesangbuch", Claudius Verlag, München

PI: Hä?

PII: Pass auf, wenn du hier zur Toilette musst, woher weißt du, in welche Tür du gehen musst?

PI: Ist doch klar, auf den Türen ist doch ein Mädchen oder ein Junge abgebildet! Also gehe ich in die Tür wo ein … abgebildet ist.

PII: Genau! Du siehst ein Symbol und du weißt, was du wissen musst!

PI: Und so funktioniert deine Bibel auch?

PII: Genau! Auf jeder Seite ist ein Symbol, das mir ganz wichtige Informationen über Gott gibt.

PI: Kannst du mir ein Beispiel geben?

PII: Klar: Auf dieser Seite ist eine Kerze zu sehen, das bedeutet, dass Gott für uns im Leben wie ein Licht in der Dunkelheit ist. Er spendet uns Wärme und Trost. Mit ihm finden wir den Weg, wenn es in unserem Leben dunkel wird.

PI: Das klingt sehr gut. In meiner Bibel steht auch Jesus ist das Licht der Welt, aber dein Kerzenbild sagt das Gleiche ohne Worte! Was hast du noch für Seiten?

PII: Hier ist ein Kreuz, dass uns zeigt, dass Jesus für unsere Sünden am Kreuz gestorben ist und uns alle unsere Sünden vergeben sind. Die Welle steht für das Wasser der Taufe, mit dem wir in Gottes Gemeinschaft aufgenommen werden. Für das Wasser, aus dem alles Leben kommt und das jeder Mensch braucht, so wie er Gott braucht.

PI: Super. Das steht alles auch in meiner Bibel, aber bei mir ist das mit so vielen Worten erklärt, dass man ganz schön lange lesen muss, um alles zu verstehen!

PII: Es ist ja auch gut, dass man alles einmal genau nachlesen kann, aber manchmal braucht man einfach nur ein kleines Symbol, um auch zwischendurch immer wieder an Gottes Liebe erinnert zu werden.

PI: Was bedeutet denn dein Anker? Ist das der Anker von dem Boot, mit dem Jesus auf den See Genezareth hinausgefahren ist?

PII: Der Anker bedeutet, dass Gott wie ein Anker in unserem Leben ist. Er gibt uns halt im Leben.

PI: Und der Fisch und die Taube sind die Tiere aus der Schöpfungsgeschichte?

PII: Nein, die Taube ist ein Symbol für den Heiligen Geist und den Frieden. Als Jesus getauft wurde, öffnete sich der Himmel und der Heilige Geist schwebte auf ihn herunter, wie eine Taube. Außerdem hat Noah von seiner Arche aus eine Taube losgeschickt, um festes Land zu suchen. Als die Taube wiederkam, hatte sie einen grünen Zweig im Schnabel, als Beweis dafür, dass es wieder Leben gab auf der Erde.

PI: Und der Fisch?

PII: Der Fisch ist ein Geheimzeichen. In den ersten Jahren nach Jesus Tod war es verboten ein Christ zu sein. Da durften die Menschen nur heimlich zu Gott beten, so, wie Jesus es uns gelehrt hat. Da haben die Menschen wie zufällig mit der Schuhspitze eine Welle in den Sand gemalt und wenn das Gegenüber die Welle zu einem Fisch vervollständigt hat, dann wussten beide, dass sie den gleichen Glauben haben.

PI: Aber warum gerade einen Fisch? Sie hätten doch auch was anderes in den Sand malen können!

PII: Das hätten sie, aber der Fisch heißt auf Griechisch „Ichtys“. Die Buchstaben von ICHTYS sind Anfangsbuchstaben der Wörter: Iesous Christos Theou Yios Soter

PI: Hä?

PII: Das heißt: Jesus, Christus, Gottes Sohn, Retter.

PI: Ach so! Das macht dann wirklich Sinn!

PII: Und auf meiner letzten Seite sind die Buchstaben A und O. Das steht für Alpha und Omega. Das ist der erste und der letzte Buchstabe im griechischen Alphabet. Das steht für den Anfang und das Ende. Denn Jesus ist der Erste und der Letzte. Und Gott umfängt das ganze Universum, von Anfang bis Ende.

PI: Ich muss sagen, ich bin begeistert! Meine Bibel ist sehr interessant, aber für die wichtigen Informationen reicht deine Bibel echt total aus. Symbole sind schon eine tolle Sache! Ich werde mich beim nächsten Besuch in der Kirche noch einmal ganz genau umsehen und versuchen alle Symbole zu entdecken!

PII: Das mach du mal! Vielleicht entdeckst du ja noch mehr.

Lied

„Mein Gott ...“ oder auch „Bist du ein Haus aus dicken Steinen“[54]

[54] Lied Nr. 154 aus „Das Kindergesangbuch“, Claudius Verlag, München

Kreativteil
Die Kinder verzieren Kerzen:
Jedes Kind bekommt eine weiße Kerze und kann sie mit dem vorbereiteten Verzierwachs bekleben.

Eltern finden Symbole für ihre Kinder:
Für jedes Tauferinnerungskind wird eine Postkarte gestaltet. Die Eltern und Paten überlegen sich Symbole, mit denen ihr Kind umschrieben werden könnte. Zum Beispiel: strahlend, wie die Sonne, temperamentvoll, wie ein Vulkan ... Diese Symbole werden auf die Kärtchen geschrieben. Diese werden an den vorbereiteten Luftballons befestigt. Wer das möchte kann auch den vollen Namen und die Adresse aufschreiben, dann kann die Person, die diese Karte vielleicht einmal findet dem Kind eine Antwort schreiben.

Pause
Gemeinsam bereiten die Kinder und Erwachsenen den Tisch für die Pause vor. Das Essen beginnt mit einem gemeinsamen Tischgebet. Möglich wäre auch folgendes Lied:
„Iß und trink“[55]
Ich würde aber das Wort „dir“ durch „uns“ ersetzen.

Andacht
Die ganze Gruppe findet sich um das Taufbecken ein. Je nach Gruppengröße stellen sich alle im Kreis um das Becken oder nehmen im vorbereiteten Stuhlkreis Platz.

Lied
„Kind du bist uns anvertraut“[56]

[55] Lied Nr. 11 aus „Das Kindergesangbuch“, Claudius Verlag, München
[56] Lied Nr. 89 aus Menschenskinderlieder, Menschenkinder Verlag, Münster

Gebet
Guter Gott, wir danken dir, dass du immer bei uns bist und uns liebst. Du bist ein Gott für alle Menschen. Man muss nicht studieren, um dich zu verstehen oder viel Lebenserfahrung haben. Du machst es uns einfach dich zu verstehen und zu lieben. Mit ganz einfachen Symbolen zeigst du uns, wie wir dich begreifen können, dafür danken wir dir.
Wir danken dir für den heutigen Tag, an dem wir so viel Spaß hatten, und so viel von dir erfahren haben. Hilf uns, dich auch an allen anderen Tagen immer wieder in deiner Schöpfung zu entdecken, die Symbole zu sehen, die du uns in unserem Alltag zeigst, damit wir immer daran denken, dass du uns liebst.
Amen

Lied
„Gottes Liebe ist wie die Sonne“[57]

Tauferinnerung
In das Taufbecken wird das Wasser eingefüllt.

Glaubensbekenntnis (Apostolikum):

Wir taufen Kinder auf den Namen Gottes.
Wir vertrauen sie so der Liebe und der Herrschaft Gottes an
und nehmen sie in die christliche Kirche auf.
Dabei werden wir auch an unsere eigene Taufe erinnert. Unseren Glauben sprechen wir stellvertretend für die Kinder aus mit dem Bekenntnis des Glaubens, das in der Kirche seit alter Zeit überliefert wird:

Gemeinsam mit allen Erwachsenen beten wir:
Ich glaube an Gott, den Vater,
den Allmächtigen,
den Schöpfer des Himmels und der Erde.

[57] Lied Nr. 153 aus „Das Kindergesangbuch“, Claudius Verlag, München

Und an Jesus Christus,
seinen eingeborenen Sohn,
unsern Herrn,
empfangen durch den Heiligen Geist,
geboren von der Jungfrau Maria,
gelitten unter Pontius Pilatus,
gekreuzigt, gestorben und begraben,
hinabgestiegen in das Reich des Todes,
am dritten Tage auferstanden von den Toten,
aufgefahren in den Himmel;
er sitzt zur Rechten Gottes, des allmächtigen Vaters;
von dort wird er kommen, zu richten die Lebenden und die Toten.

Ich glaube an den Heiligen Geist,
die heilige christliche Kirche, Gemeinschaft der Heiligen, Vergebung der Sünden, Auferstehung der Toten
und das ewige Leben.

Die Kinder treten nun einzeln an das Taufbecken. In die geöffnete Handfläche wird ein Kreuz mit dem Taufwasser gezeichnet. Dazu werden die Worte gesprochen:
„Du bist getauft im Namen des Vaters, der immer bei uns ist und uns beschützt, im Namen Jesus Christus, der unser Freund ist und im Namen des Heiligen Geistes, der alle unsere Schritte leitet. Daran wollen wir dich erinnern!"

Gemeinsam beten wir:
Vater unser im Himmel,
geheiligt werde dein Name.
Dein Reich komme.
Dein Wille geschehe,
wie im Himmel, so auf Erden.
Unser tägliches Brot gib uns heute.
Und vergib uns unsere Schuld,
wie auch wir vergeben unsern Schuldigern.
Und führe uns nicht in Versuchung,
sondern erlöse uns von dem Bösen.

Denn dein ist das Reich
und die Kraft und die Herrlichkeit
in Ewigkeit.
Amen

Segenslied
„Komm, Herr, segne uns"[58]

Aktion im Freien
Alle Stellen sich in einem großen Kreis auf. Der Reihe nach lesen die Eltern/Paten vor, welches Symbol sie ihren Kindern geben würden. Dann werden die Luftballons fliegen gelassen. Dann wird das Segenslied noch einmal wiederholt.

Bastelvorlagen

Namenschildchen und Symbolbibel

[58] Lied Nr. 22 aus Menschenskinderlieder, Menschenkinder Verlag, Münster

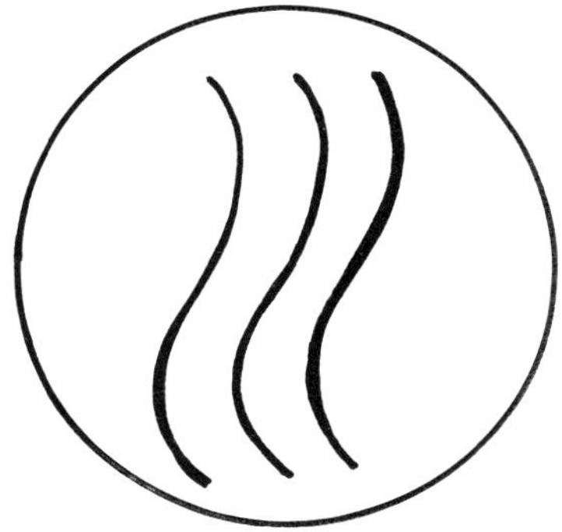

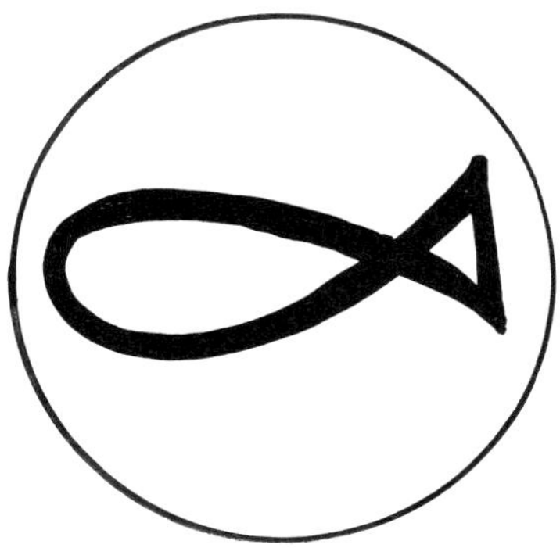

Piktogramme für die Aktion

DIE TAUFE DES PAULUS

Zusammenfassung des Themas
Vom Saulus zum Paulus. Solche Schlagzeilen kenne wir alle. Doch dieser einfache Merksatz drückt nicht die ganze Tragweite aus, die Paulus für das Christentum bedeutet. Er erscheint auf der Bildfläche des Christentums als glühender Gegner des neuen Glaubens. Er setzt seine ganze Energie darauf die Christen zu verfolgen und zu ermorden. Trotz dieses Hasses auf die Christen, such sich Gott gerade ihn als Werkzeug aus, den neuen Glauben in die Welt zu tragen. Saulus erfährt seine Bekehrung, als er auf dem Weg nach Damaskus die Stimme Jesu vernimmt, der ihn fragt: „Saul, Saul, warum verfolgst du mich?“ Saulus erkennt, dass der Glaube an Jesus der einzig wahre Glaube ist und setzt nun all sein Streben ein, um die Lehren Jesu in der Welt zu verbreiten. Er lässt sich Taufen und nimmt seinen römischen Namen Paulus an. Er bereist den größten Teil der damals bekannten Welt und predigt das Christentum. Seine Briefe an die verschiedenen Gemeinden nehmen einen großen Teil im Neuen Testament ein.

Diese Geschichte biete eine Vielzahl an theologischen Ansatzmöglichkeiten. Sie zeigt uns, dass Gottes Wege manchmal schwer nachzuvollziehen sind. Warum hat er Saulus erst die Christen ermorden lassen, bevor er ihn in seinen Dienst gerufen hat? Sie zeigt uns auch, dass das Bild, das wir von einem Menschen haben, nicht unbedingt mit dem Bild übereinstimmt, das Gott von diesem Menschen hat. Er traut ihm Gutes zu, auch wenn er bisher Böses getan hat. Außerdem zeigt sie uns, wie die Taufe aus Saulus einen neuen Menschen macht. Er streift sein altes Leben ab und beginn sein neues Leben ganz in Gottes Dienst zu stellen. Daher wollen wir in dem heutigen Tauferinnerungsfest auch einmal einen näheren Blick auf Verwandlungen und den Schein und das Sein werfen.

Material
verschiedenfarbige Pappen, doppelseitiges Klebeband, Geschenkpapier neu und alt, kleine Schachteln, kleine Geschenke (z. B. Werbegeschenke oder Kleinkram aus einem „Ein-Euro Laden"), dicke, weiße Pappe in Postkartengröße, Wachsmaler, Wachsschaber (möglich sind auch Plastikmesser), Walnüsse, scharfe Messer, Zettel, Stifte, festes Garn oder dicke Wolle, Heißklebepistole, Lebensmittel und Getränke für die Pause

Vorbereitung
Im Gruppenraum wird ein Stuhlkreis aufgebaut, in dem alle Kinder und Erwachsenen Platz nehmen.
Bereiten Sie aus den verschiedenfarbigen Pappen Namensschildchen vor. Kleben Sie auf beiden Seiten einen kleinen Streifen Doppelkleber an den Rand, sodass das Schildchen von beiden Seiten beschrieben und auch von beiden Seiten befestigt werden kann.
Bereiten Sie einen Marktplatz vor, auf dem alle Teilnehmer sich treffen. Hierzu reicht es eine Ecke des Raums oder einen separaten Raum mit Stehtischen auszurüsten. Es gibt Tee und Kekse oder andere Knabbereien. Die Aufgabenstellung sollten Sie noch einmal auf ein großes Plakat schreiben und in dem Marktplatzraum gut sichtbar aushängen.
Packen Sie kleine Geschenkpäckchen. Schlagen Sie dafür die Geschenke in Papier ein. Achten Sie aber darauf, dass man von außen noch nicht erkennen kann, was sich in dem Papier befindet. Außerdem sollten die „tollen" Geschenke in altem, abgewetztem Papier verpackt sein. Der Inhalt der schicken Päckchen ist nicht so gut.

Marktplatz

Alle Teilnehmer, Kinder und Erwachsenen, bekommen ein Namensschildchen. Auf die eine Seite schreiben sie ihren Namen. Auf die andere Seite einen anderen Namen, den sie sich ausgedacht haben. Ihre Aufgabe ist es nun, zu überlegen, welche positive Eigenschaft sie als Person ausmacht. Sind sie besonders fröhlich, ruhig, oder lebenslustig, können sie besonders gut zuhören oder erzählen sie gerne … Wenn jeder seine passende Eigenschaft gefunden hat, bestimmt er jetzt das Gegenteil dazu: fröhlich – muffelig, ruhig – rumschreien … Das soll für die folgende Aktion die hervorstechende Eigenschaft sein. Jeder Teilnehmer benimmt sich in der folgenden Aktion also genau gegenteilig, wie er es sonst tun würde. Zu diesem gegenteiligen Benehmen kommt nun noch der neue Name, den er auf das Namensschildchen geschrieben hat.
Ein Beispiel: Karsten ist eigentlich ein fröhlicher Mensch. In der Aktion benimmt er sich aber total miesepetrig und auf seinem Namensschild steht Georg.
So begegnen sich auf dem Marktplatz viele verschiedene Menschen. Sie sollen sich unterhalten und kennenlernen, dürfen aber ihre „neue" Identität nicht verlassen.
Mischen Sie sich als Vorbereitungsteam mit unter die Leute und verwickeln sie alle einmal in das Gespräch. Damit soll verhindert werden, dass einige Teilnehmer nur stumm rumstehen und ihre neue Identität gar nicht ausleben können.
Lassen Sie diese Aktion 10-15 Minuten laufen und beenden Sie dann ohne viele Kommentare. Machen Sie einfach mit der Begrüßung weiter.

Begrüßung

…
Ihrer Eingangsbegrüßung angeschlossen, klären Sie die Aktion auf dem Marktplatz auf.
Von Saulus zum Paulus. Die meisten haben das sicher schon einmal gehört. Wir alle haben einen Namen, den die Menschen in unserer Umgebung kennen. Sie kennen auch unser Benehmen und unsere Eigenschaften. Aber manchmal kann ein Mensch sich auch radikal ändern.

Lied
„Wir sind eingeladen“[59]

Vorstellungsrunde
Alle Teilnehmer stellen sich nun mit ihrem richtigen Namen vor und klären auf, welche Eigenschaft sie gar nicht mit sich verbinden können, die sie aber bei der Eingangsaktion „Marktplatz“ versucht haben darzustellen. Anschließend drehen sie ihr Namensschildchen so, dass der richtige Name vorne steht.

Lied
„Du verwandelst meine Trauer“[60]

Gebet
Guter Gott,
wird danken dir, dass wir hier heute zusammenkommen dürfen, um dein Wort zu hören und von deinen Taten zu erzählen. Wir treffen Menschen, die auch durch die Taufe zu deiner Gemeinschaft zählen. Du kennst uns alle, wir alle sind deine Kinder.
Sehender Gott,
wir danken dir, dass du in unsere Herzen siehst. Vor dir brauchen wir uns nicht verstecken. Du weißt, was wir können und was du uns zutrauen kannst. Oft fühlen wir uns klein und einsam, doch du weißt, dass du uns auch Großes zutrauen kannst.
Wir danken dir, dass du uns hilfst Großes zu tun.
Amen

Lied
„Ich lobe meinen Gott, der aus der Tiefe mich holt“[61]

[59] Lied Nr. 205 aus „Das Kindergesangbuch“, Claudius Verlag, München
[60] Lied Nr. 198 aus „Das Kindergesangbuch“, Claudius Verlag, München
[61] Lied Nr. 161 aus „Das Kindergesangbuch“, Claudius Verlag, München

Aktion
In der Mitte des Stuhlkreises stehen die vielen kleinen vorbereiteten Päckchen. Zunächst nimmt sich jeder Teilnehmer eines der Päckchen. Anschließend wird der Reihe nach ausgepackt. Jeder gibt einen kleinen Kommentar ab, der ihm spontan zu dem Geschenk einfällt.
Wenn alle Geschenke ausgepackt sind, tauschen sich alle Teilnehmer über die Aktion aus.
Wer ist enttäuscht von seinem Geschenk?
Wer hätte der Verpackung nach mehr erwartet?
Wer ist trotz des unscheinbaren Äußeren positiv überrascht?
...
Oftmals täuscht der Schein ...

Lied
„Mein Gott das muss anders werden"[62]

Textlesung
Aus einer Kinderbibel wird die Geschichte vorgelesen, wie Paulus vom Christenverfolger zum Apostel des neuen Glaubens wird.

Kreativteil
Für die Kinder:
Jedes Kind bekommt eine weiße Postkarte und einen Satz Wachsmaler. Nun muss die Karte komplett bunt bemalt werden. Es ist nicht nötig irgendwelche Muster oder ähnliches zu malen. Die Kinder sollen die Karte einfach ausfüllen. Wichtig ist nur, dass das Wachs möglichst dick auf der Pappe haften bleibt. Wenn Sie zeitlich etwas enger planen müssen, können Sie die Kreativarbeit auch bis hierher vorbereiten.
Wenn alle weißen Stellen verschwunden sind, nehmen die Kinder einen schwarzen Wachsmaler und übermalen nun alle bunten Farben, bis die ganze Karte schwarz ist. Jetzt können sie mit dem Wachskratzer Bilder in das schwarze Wachs malen. An den Stellen, wo die Kinder schaben, fällt das schwarze Wachs ab und die bunten Farben kommen wieder zum Vorschein.

[62] Lied Nr. 194 aus „Das Kindergesangbuch", Claudius Verlag, München

Für die Erwachsenen:
Frei nach dem Motto: „In einer rauen Schale steckt auch ein weicher Kern!" basteln die Erwachsenen mit Walnüssen. Die Eltern und Paten bekommen pro Täufling eine Walnuss. Mit einem scharfen Messer öffnen sie die Nuss. Zusammen überlegen sie sich einen Segensspruch, den sie ihrem Kind mit auf den Weg geben wollen. Diesen schreiben sie auf einen möglichst kleinen Zettel und falten ihn so klein zusammen, dass er in die Nuss passt.
Zum Schluss werden beide Nusshälften mit der Heißklebepistole wieder zusammengeklebt. Legen Sie kurz vor dem Zusammensetzen der Nusshälften ein langes Band zwischen die Hälfen, damit man die Nuss als Halskette tragen kann. Die Kinder können die Ketten nicht öffnen, sie müssen sich einfach auf den Segen Gottes und ihrer Eltern verlassen. Vielleicht bewahren sie die Ketten auf und öffnen sie viele Jahre später, wenn sie einmal in Not geraten und Zuspruch brauchen.
Außerdem formulieren die Eltern Gebetsanliegen, die zum Thema passen, die später während der Andacht verlesen werden.

Pause
Die Erwachsenen und die Kinder bereiten zusammen den Tisch für die Pause vor. Das Essen sollte mit einem Tischgebet begonnen werden.

Andacht
Die ganze Gruppe findet sich um das Taufbecken ein. Je nach Gruppengröße stellen sich alle im Kreis um das Becken oder nehmen im vorbereiteten Stuhlkreis Platz.

Lied
„Sei doch mal leise"[63]

Gebet
Die Gebetsanliegen der Eltern werden verlesen.

[63] Lied Nr. 52 aus „Das Kindergesangbuch", Claudius Verlag, München

Lied
„Wenn Gott mich füllt"[64]

Tauferinnerung
In das Taufbecken wird das Wasser eingefüllt.

Glaubensbekenntnis (Apostolikum):

Wir taufen Kinder auf den Namen Gottes.
Wir vertrauen sie so der Liebe und der Herrschaft Gottes an
und nehmen sie in die christliche Kirche auf.
Dabei werden wir auch an unsere eigene Taufe erinnert. Unseren Glauben sprechen wir stellvertretend für die Kinder aus mit dem Bekenntnis des Glaubens, das in der Kirche seit alter Zeit überliefert wird.

Gemeinsam mit allen Erwachsenen beten wir:
Ich glaube an Gott, den Vater,
den Allmächtigen,
den Schöpfer des Himmels und der Erde.

Und an Jesus Christus,
seinen eingeborenen Sohn,
unsern Herrn,
empfangen durch den Heiligen Geist,
geboren von der Jungfrau Maria,
gelitten unter Pontius Pilatus,
gekreuzigt, gestorben und begraben,
hinabgestiegen in das Reich des Todes,
am dritten Tage auferstanden von den Toten,
aufgefahren in den Himmel;
er sitzt zur Rechten Gottes, des allmächtigen Vaters;
von dort wird er kommen, zu richten die Lebenden und die Toten.

[64] Lied Nr. 164 aus „Das Kindergesangbuch", Claudius Verlag, München

Ich glaube an den Heiligen Geist,
die heilige christliche Kirche, Gemeinschaft der Heiligen, Vergebung der Sünden, Auferstehung der Toten
und das ewige Leben.

Die Kinder treten nun einzeln an das Taufbecken. In die geöffnete Handfläche wird ein Kreuz mit dem Taufwasser gezeichnet. Dazu werden die Worte gesprochen:
„Du bist getauft im Namen des Vaters, der immer bei uns ist und uns beschützt, im Namen Jesus Christus, der unser Freund ist und im Namen des Heiligen Geistes, der alle unsere Schritte leitet. Daran wollen wir dich erinnern!“
Anschließend bekommt jedes Kind von seiner Familie die Nusskette überreicht.

Gemeinsam beten wir:
Vater unser im Himmel,
geheiligt werde dein Name.
Dein Reich komme.
Dein Wille geschehe,
wie im Himmel, so auf Erden.
Unser tägliches Brot gib uns heute.
Und vergib uns unsere Schuld,
wie auch wir vergeben unsern Schuldigern.
Und führe uns nicht in Versuchung,
sondern erlöse uns von dem Bösen.
Denn dein ist das Reich
und die Kraft und die Herrlichkeit
in Ewigkeit.
Amen

Segenslied
„Gott sagt uns immer wieder“[65]

[65] Lied Nr. 216 aus „Das Kindergesangbuch“, Claudius Verlag, München

SYMBOL NAME

Zusammenfassung des Themas

Wir alle haben einen Namen. Einen, der uns persönlich bezeichnet und einen, der uns mit unserer Familie verbindet. Doch dieser Name ist noch mehr. Dieser Name ist auch ein Teil unserer Persönlichkeit. Eine lateinische Redensart besagt „Nomen est Omen" Der Namen ist ein Zeichen. Es gibt Bücher, in denen man nachschlagen kann, welche Bedeutung dem jeweiligen Namen zugeordnet ist.

Doch unser Namen ist auch ein Teil unserer Taufe. Der Pastor sagt dem

Täufling ja nicht nur: „Ich nehme dich in die Gemeinschaft Gottes auf", sondern er sagt: „Ich taufe dich auf den Namen …"
In der Bibel steht bei Jesaja 43,1
„Jetzt aber sagt der Herr, der dich ins Leben gerufen hat, Volk Israel, du Nachkommenschaft Jakobs: „Fürchte dich nicht, ich habe dich befreit! Ich habe dich bei deinem Namen gerufen, du gehörst mir!"
Und an anderer Stelle steht: „Gott, der dich bei deinem Namen gerufen hat, wird dir beistehen."

Material
verschiedenfarbige Pappen, doppelseitiges Klebeband, mehrere Vornamenbücher (auch als Liste aus dem Internet möglich), mehrere Kochlöffel, Wackelaugen, Eddingstifte, Wollreste, Salz und Mehl für den Salzteig, Gewürze (Nelken, Senfkörner, Lorbeerblätter, Pimentkörner…) zum Verzieren des Salzteiges, Backpapier, Tonkarton DIN-A3 in oder DIN-A2 in verschiedenen Farben, 5-6 Kochlöffel, Verpflegung für die Pause

Vorbereitung
Im Gruppenraum wird ein Stuhlkreis aufgebaut, in dem alle Kinder und Erwachsenen Platz nehmen.
Kopieren Sie die Bastelvorlage für das Namensschildchen auf die verschiedenfarbige Pappe und schneiden sie diese aus. Schreiben Sie die Namen aller Teilnehmer (Eltern, Paten, Kinder) auf die einzelnen Schildchen und sammeln sie in einem Hut oder Topf. Sie werden erst im weiteren Ablauf übergeben.
Für den Textteil brauchen Sie verschiedene „Kochlöffelpuppen". Bekleben Sie dafür die Kochlöffel mit den Wackelaugen, malen Sie mit dem Edding ein Gesicht dazu und kleben Sie noch einige Wollreste als Haare an die Oberkante. Bereiten Sie kleine Namensschildchen vor, die im Laufe der Geschichte an die Löffelkerlchen geheftet werden können.
Bereiten Sie aus dem Mehl und Salz mit Wasser (1 Tasse Mehl, 1 Tasse Salz, 8-10 Esslöffel Wasser) einen festen Salzteig vor. Verschließen Sie diesen in einer luftdichten Schüssel, damit er nicht zu trocken wird, bis er gebraucht wird.

Begrüßung

…

Lied

„Komm herein“[66]

Gebet

Guter Gott,

du sagst uns: „Ich habe dich bei deinem Namen gerufen, du gehörst mir!“ Wir wollen dir danken, dass wir alle zu dir gehören dürfen. Wir wollen dir danken, dass wir durch unsere Taufe alle ein Teil deiner Gemeinschaft geworden sind. Als Teil dieser Gemeinschaft kommen wir heute hier zusammen um dein Wort zu hören und von deinen Taten zu erzählen. Wir alle sind deine Kinder, die du liebst. Du kennst uns alle beim Namen und kannst tief in unsere Herzen sehen. Wir danken dir, dass wir uns nicht verstellen müssen, sondern dass wir so zu dir kommen können, wie wir sind. Schenke uns einen schönen Tag zusammen, so dass wir singen und lachen können und das wir neue Dinge erleben.

Amen

Lied

„Du hast uns, Herr, gerufen“[67]

Vorstellungsrunde

Die Namensschildchen aller Teilnehmer werden gemischt und in einem Hut oder einem anderen Gefäß herumgereicht. Jeder zieht nun ein Schildchen. Der Reihe nach ließt jeder den Namen auf seinem Schildchen vor und tippt, welche Person wohl zu diesem Namen gehört. Mit wenigen Worten soll jeder sagen, warum er diesen Namen dieser Person zugeordnet hat. Am Ende heftet sich jeder sein richtiges Namensschildchen an.

Lied

„Ich trage einen Namen“[68]

[66] Lied Nr. 96 aus „Das Kindergesangbuch“, Claudius Verlag, München
[67] Lied Nr. 8, aus Menschenskinderlieder, Menschenkinder Verlag, Münster
[68] Lied Nr. 95 aus „Das Kindergesangbuch“, Claudius Verlag, München

Spiel
Bei dem folgenden Spiel nennen noch einmal alle Mitspieler ihre Namen, Aber: beim Sprechen müssen sie ihren Daumen (oder einen Weinkorken) hochkant zwischen die Zähne klemmen.
Spieler 1: Ich bin getauft auf den Namen … (Namen und evtl. Mittelnamen nennen)
Spieler 2: Wie heißt du?
Spieler 1: … (noch einmal den Namen nennen)
Spieler 2 richtet sich an Spieler 3: Das ist … Ich bin getauft auf den Namen …
Spieler 3: Wie heißt du?
Spieler 2: … (noch einmal den Namen nennen)
Es wird immer nur der Name des direkten Vorgängers wiederholt. Es wird keine lange Kette gebildet.

Aktion
In der Mitte liegen verschiedene Namensbücher aus, in denen die Bedeutung der Vornamen beschrieben ist. Jeder sucht sich aus den Büchern und Listen die Bedeutung seines Namens heraus. Die Ergebnisse werden anschließend im Stuhlkreis ausgetauscht.

Lied
„Ja Gott hat alle Kinder lieb“[69]

Textlesung
Hinter einer kleinen Abschirmung, ähnlich einem Kasperletheater, tauchen mehrere Kochlöffel auf. Alle sehen gleich aus. Die Löffel unterhalten sich, sprechen sich aber nicht mit einem Namen an, sondern nur mit: „Hey du!“ oder „Hallo Löffel!“. Erfinden Sie einfach spontan einen kleinen Dialog.
Dann taucht ein weiterer Löffel auf. Er trägt eine bunte Kette mit seinem Namen drauf (egal, welchen Namen Sie ihm geben, sagen wir mal Karl). Er betritt singend die Szene, sieht sich um und freut sich über das, was er entdeckt. Die anderen Löffel beobachten ihn. Untereinander reden sie darüber, wie anders dieser Löffel doch aussieht und wie fröhlich er ist.

[69] Lied Nr. 20 aus Menschenskinderlieder, Menschenkinder Verlag, Münster

Gemeinsam gehen die Löffel auf Karl zu und sprechen ihn an:
Löffel: „Hallo Karl! Du hast ja einen schönen Namen! Sprechen dich alle Leute damit auch an?"
Karl: „Na klar sprechen mich alle mit Karl an! Wie werdet ihr denn angesprochen? Ich sehe, ihr habt gar keine Namensschildchen. Habt ihr gar keine Namen?"
Die Löffel antworten abwechselnd: „Nö, wir haben keine Namen." „Mich nenne alle nur Löffel!" „Mich nennen auch alle nur Löffel." „Mich auch!"...
Karl: „Das ist ja ganz schrecklich! Aber dann kann man euch ja gar nicht richtig voneinander unterscheiden!"
Die Löffel sehen sich verständnislos an: „Wer sollte uns denn unterscheiden?"
Karl: „Na, alle Leute, die euch so begegnen!"
Löffel: „Warum sollten uns die Leute denn unterscheiden?"
Karl: „Na, weil ihr alle ganz unterschiedliche Persönlichkeiten seid. Ihr habt alle ganz unterschiedliche Talente und Eigenschaften."
Löffel: „Das stimmt eigentlich! Wir brauchen auch einen Namen!"
Ein anderer Löffel: „Und wem soll das was nützen? Wer interessiert sich denn schon für uns?"
Ein Löffel an Karl gewandt: „Warum hast du einen Namen? Wer interessiert sich für dich?"
Karl: „Meine Freunde interessieren sich für mich, die Menschen aus dem Haus, in dem ich lebe. Aber am wichtigsten: Gott interessiert sich für mich! Ich bin getauft auf den Namen Karl und diesen Namen hat Gott sich für immer gemerkt!"
Löffel: „Woher willst du das wissen? Vielleicht hat Gott dich ja schon längst wieder vergessen!"
Karl: „Nein, dass hat er nicht! Gott vergisst nie etwas, sein Wort hat immer Gültigkeit. Das steht auch in der Bibel. Dort steht es schwarz auf weiß ...
„Fürchte dich nicht, ich habe dich befreit! Ich habe dich bei deinem Namen gerufen, du gehörst mir!"
Und an anderer Stelle steht: „Gott, der dich bei deinem Namen gerufen hat, wird dir beistehen."
Löffel: „Hat Gott uns nun niemals lieb, weil wir doch keinen Namen haben?"
Karl: „Ihr könnt das doch ändern! Ihr bekommt jeder einen Namen. Einen,

der richtig zu euch passt! Und dann lasst ihr euch auf diesen Namen taufen und zeigt Gott, dass ihr zu ihm gehören wollt. Dann seid auch ihr ein Teil von Gottes Gemeinschaft und Gott wird auch euch nie vergessen!"
Löffel: „Geht das denn so einfach?"
Ein anderer Löffel: „Kann sich jeder einen Namen einfach so aussuchen?"
Karl: „Normalerweise suchen die Eltern einen Namen für ihr Kind aus, wenn dieses auf die Welt kommt, aber da ihr ja jetzt schon hier seid, dürft ihr euch selber einen Namen aussuchen!"
Jeder Löffel sucht sich einen Namen aus und bekommt das vorbereitete Schildchen angeheftet.
Einer der zuerst namenlosen Löffel: „Jetzt sind wir auch ein Teil von Gottes großer Gemeinschaft! Wir müssen niemals wieder alleine sein, denn Gott kennt uns alle bei unserem Namen und wird uns niemals wieder vergessen!"

Kreativteil
Für die Kinder:
Die Kinder basteln aus Salzteig Namensschilder, die sie zu Hause aufhängen können. Dazu rollen sie etwas Salzteig auf dem Backpapier aus und schneiden eine ovale Grundfläche aus. Die abgeschnittenen Ränder werden weggenommen. Jetzt rollen die Kinder etwas Salzteig zu einer sehr dünnen Wurst. Aus dieser Wurst schreiben sie die Buchstaben ihres Namens auf die Grundfläche. Das Schildchen wird anschließend mit den Gewürzen verziert.
Im Ofen müssen die Schilder backen, bis sie ganz trocken sind. Das ist von der Dicke der Schilder abhängig.

Für die Erwachsenen:
Pro Täufling bekommen die Paten und Eltern einen Bogen Tonkarton. Auf den Karton schreiben sie den Namen des Täuflings und überlegen sich Wünsche, die sie dem Kind mit auf den Weg geben wollen. Die Wünsche sollen aber mit den Buchstaben des Namens beginnen. So könnten die Eltern von Anke ihrem Kind wünschen: A: Ausgeglichenheit N: Neugierde auf das Leben K: Kraft in schweren Zeiten E: echte Freunde.
Da man auf diese Weise einem Reinhard mehr Wünsche aufschreiben kann, als einer Lea, dürfen sie für die Kinder auch gerne einen Mittelnamen oder Familiennamen dazu nehmen.

Pause
Nach dem Kreativteil treffen sich alle an dem Tisch, der von den Mitarbeiter/innen für die Pause vorbereitet wurde. Anstelle eines Tischgebets kann auch das folgende Lied gesungen werden:

Lied
„Wir wollen danken“[70]

Andacht
Die ganze Gruppe findet sich um das Taufbecken ein. Je nach Gruppengröße stellen sich alle im Kreis um das Becken oder nehmen im vorbereiteten Stuhlkreis Platz.

Lied
„Halleluja“[71]

Gebet
Die Andacht soll mit einem spontanen Gebet begonnen werden. Dazu fassen sich alle Teilnehmer an den Händen. Der Reihe nach sagt jeder/jede: „Mein Name ist … Ich danke dir Gott … Ich bitte dich, Gott …

Lied
„Ja Gott hat alle Kinder lieb“[72]

Tauferinnerung
In das Taufbecken wird das Wasser eingefüllt.

Glaubensbekenntnis (Apostolikum):

Wir taufen Kinder auf den Namen Gottes.
Wir vertrauen sie so der Liebe und der Herrschaft Gottes an
und nehmen sie in die christliche Kirche auf.

[70] Lied Nr. 37 aus Menschenskinderlieder, Menschenkinder Verlag, Münster
[71] Lied Nr. 48 aus Menschenskinderlieder, Menschenkinder Verlag, Münster
[72] Lied Nr. 20 aus Menschenskinderlieder, Menschenkinder Verlag, Münster

Dabei werden wir auch an unsere eigene Taufe erinnert. Unseren Glauben sprechen wir stellvertretend für die Kinder aus mit dem Bekenntnis des Glaubens, das in der Kirche seit alter Zeit überliefert wird.

Gemeinsam mit allen Erwachsenen beten wir:
Ich glaube an Gott, den Vater,
den Allmächtigen,
den Schöpfer des Himmels und der Erde.

Und an Jesus Christus,
seinen eingeborenen Sohn,
unsern Herrn,
empfangen durch den Heiligen Geist,
geboren von der Jungfrau Maria,
gelitten unter Pontius Pilatus,
gekreuzigt, gestorben und begraben,
hinabgestiegen in das Reich des Todes,
am dritten Tage auferstanden von den Toten,
aufgefahren in den Himmel;
er sitzt zur Rechten Gottes, des allmächtigen Vaters;
von dort wird er kommen, zu richten die Lebenden und die Toten.

Ich glaube an den Heiligen Geist,
die heilige christliche Kirche, Gemeinschaft der Heiligen, Vergebung der Sünden, Auferstehung der Toten
und das ewige Leben.

Die Kinder treten nun einzeln an das Taufbecken. In die geöffnete Handfläche wird ein Kreuz mit dem Taufwasser gezeichnet. Dazu werden die Worte gesprochen:
„Du bist getauft im Namen des Vaters, der immer bei uns ist und uns beschützt, im Namen Jesus Christus, der unser Freund ist und im Namen des Heiligen Geistes, der alle unsere Schritte leitet. Daran wollen wir dich erinnern!"

Gemeinsam beten wir:
Vater unser im Himmel,
geheiligt werde dein Name.
Dein Reich komme.
Dein Wille geschehe,
wie im Himmel, so auf Erden.
Unser tägliches Brot gib uns heute.
Und vergib uns unsere Schuld,
wie auch wir vergeben unsern Schuldigern.
Und führe uns nicht in Versuchung,
sondern erlöse uns von dem Bösen.
Denn dein ist das Reich
und die Kraft und die Herrlichkeit
in Ewigkeit.
Amen

Segenslied

„Gott dein guter Segen“[1]

Bastelvorlagen

[73] Lied Nr. 220 aus aus „Das Kindergesangbuch“, Claudius Verlag, München

Heike J. Schütz

Das große Bibelbastelbuch

50 Bastelanleitungen zu biblischen und religiösen Themen.
Für Kinder ab 3 Jahren
Paperback - 160 Seiten
Mit Bastelvorlagen und sw-Fotos
2. Auflage 2008
ISBN: 978-3-7615-5606-1

Um biblische Geschichten in Kirche, Familie oder Schule zu vermitteln, sind kreative Elemente gefragt. Hier finden sich Anleitungen und Vorlagen sowie der Verweis auf die passenden Geschichten – ganz praktisch für die Arbeit mit Kindern.

AUSSAAT

Heike J. Schütz

Spiele, Rätsel, Quiz im Kindergottesdienst

Gestaltungsmaterial Plus
nach dem Plan für den Kindergottesdienst 2007-2009
DVD-Box
Mit Illustrationen
1. Auflage 2007
ISBN: 978-3-7615-5544-6

Wer im Kindergottesdienst mitarbeitet, ist immer auf der Suche nach neuen Ideen und Materialien. Diese CD-ROM bietet genau das. Und besonders praktisch ist die Gestaltung auf jeweils einer Seite, die Sie nur noch ausdrucken müssen. Die Themen bis 2009 sind dabei berücksichtigt!

AUSSAAT

Heike J. Schütz

Kirchenmäuse hereinspaziert

30 bunte Andachten für Kinder von 6-10
Paperback - 144 Seiten
mit vielen Abb.
1. Auflage 2007
ISBN: 978-3-7615-5599-6

Bei Kindergottesdiensten, Freizeiten, Kinderbibelwochen und anderen Gemeindeveranstaltungen sind diese Andachten sofort einsetzbar. Abwechslungsreiche Gestaltungsvorschläge helfen dabei, christliche Kernthemen zu vermitteln.